JIYU YUWEN HEXINSUYANG DE WENBENJIEDU

基于语文核心素养的文本解读

周璐璐　著

中国海洋大学出版社

·青岛·

图书在版编目(CIP)数据

基于语文核心素养的文本解读 / 周璐璐著. —青岛：
中国海洋大学出版社，2021.6
ISBN 978-7-5670-2844-9

Ⅰ.①基…　Ⅱ.①周…　Ⅲ.①语文课—教学研究—中
等专业学校　Ⅳ.①G633.302

中国版本图书馆 CIP 数据核字(2021)第 103072 号

出版发行	中国海洋大学出版社		
社　　址	青岛市香港东路 23 号	**邮政编码**	266071
出 版 人	杨立敏		
网　　址	http://pub.ouc.edu.cn		
电子信箱	cbsebs@ouc.edu.cn		
订购电话	0532－82032573(传真)		
责任编辑	纪丽真　赵孟欣	**电　　话**	0532－85902469
印　　制	青岛国彩印刷股份有限公司		
版　　次	2021 年 6 月第 1 版		
印　　次	2021 年 6 月第 1 次印刷		
成品尺寸	170 mm×230 mm		
印　　张	11		
字　　数	150 千		
印　　数	1～1000		
定　　价	59.00 元		

发现印装质量问题,请致电 0532—58700168,由印刷厂负责调换。

前　言

为中职学生打下终生所需的人文底色

　　时光如不舍昼夜的逝川，回首我的中职语文教学生涯，已经过了30个春秋。我送走了一届又一届的学生，他们有的升入高校深造，有的成为行业翘楚，有的在平凡的岗位上过着平凡的日子。我常常思考：三年的中职语文课能给他们的人生带来什么？

　　我很喜欢《儒林外史》里的一个小片段："坐了半日，日色已经西斜，只见两个挑粪桶的，挑了两担空桶，歇在山上。这一个拍那一个肩头道：'兄弟，今日的货已经卖完了！我和你到永宁泉吃一壶水，回来再到雨花台看看落照！'"

　　虽然这两个挑粪工的工作又脏又累，但他们结束一天劳作之后，却还能那么愉快地去享受生活——洗漱更衣、品香茗、看落日。这种热爱生活的乐观心态和闲情逸致令人羡慕与欣赏。我想这种人文情怀正是我们的中职学生所需要的，也是语文课堂除了传授语文知识以外还要传递给学生的。中职学生离开了我们的语文课堂走向社会，不管他们是一路坦途还是历经艰辛，不管他们是身处高位还是居于低处，他们都能够热爱生活，都能感受生活中的美好。也就是说，我希望通过语文课堂，给学生打下终生所需的人文底色。希望他们能够关注人的命运、人存在的价值和意义，崇尚自由意志和独立人格，追求自我实现；希望他们自觉维护社会核心价值，强调精神重于物质，突出人人平等，尊重对方的人格尊严；希望他们热爱生活，有个人的兴趣爱好，有一定的古典文学和艺术素养，拥有幸福的诗意的生活。

雅斯贝尔斯说过:教育是人的灵魂的教育,而非理智知识和认识的堆积。古希腊哲人苏格拉底认为,教育的宗旨是行善。人们追求知识、美德、正义绝不是为了获得一种"知识",而是为了达到自我理解即达到对自身生存的觉解。当一个人对这些方面的事情都能思考得正确和准确时,他就能做对事,做好事,行为理智,于是他成为一个好人、一个公正的人。

　　从这个意义上说,教育的重要本质特征就是它的人文性,对学生人文素养的培养在学校教育中具有重要的基础性地位。

　　语文教学在培养学生人文素养中承担重要的使命。语文教育,实际就是人的精神培植,就是丰富人的精神经验、丰富发展人的生命个性的教育,是一种本民族文化的教化。语文教学大纲指出:"在培养语文能力的同时,教师要善于引导学生提高思想认识、道德修养、文化品位和审美情趣。"汉语阅读作为一种通过文字符号深入心灵境界的情智活动,灌注着鲜明的民族人文精神,表现在:一是作品本身蕴藏着汉文字、汉文章、汉文学的丰富的人文内涵;二是汉文阅读渗透着中华读者和作者的价值取向、时空情绪、思维方式和民族情结;三是语文教育要尊重和发展阅读主体的个性和创造性,培养健全的人格。因此,语文课堂不仅成为学生获得阅读知识、习得阅读能力的场所,而且成为学生开发智力、体验人生、陶冶情操、培养人文素养的地方。

周璐璐

2021 年 1 月

目录
CONTENTS

教学探索

第一章 中职珠宝专业人文素养的培养与研究

我一直担任珠宝专业的语文教学工作,青岛经济职业学校的珠宝专业是山东省品牌专业、青岛市骨干专业。在十几年的专业办学历程中,学校为岛城乃至全国培养了一大批可用可造之才,为我校赢得了声誉,为学生提供了一条成才之路。因为是品牌专业,社会知名度较高,所以珠宝专业历年的学生入学平均成绩都在 350 分左右,在我校各专业中属于高分段学生。尽管如此,他们的中考语文成绩平均分大多数在及格线以下,其中很多学生的文化素养和道德素质都不尽如人意。而珠宝行业的特殊性决定了其对学生的人文素养要求较高。

珠宝玉器、金银饰品是一种特殊的商品,蕴含着文化与艺术、传统与时尚等多种元素,对行业人士的文化素养、审美情趣有较高的要求;珠宝玉器、金银饰品又是一种珍贵的商品,行业人士的诚信品质、设计理念和敬业精神是非常关键的。

我们曾经设计过调查表发给海洋地质研究所以及与我们合作的一些珠宝公司、珠宝店,调查这一行业对学生素质的整体要求。反馈的信息与我们的考虑是基本一致的。

因此,如何借助中职课程特别是语文课来引导学生学会做人、做事,促进学生个性发展,培养健康健全人格,提高学生的人文素质就成了我们教改组教学探索的重点。我们从学生的切身需要出发,做了一些实际的研究,给学生一些助长生命的教育,从而引导学生不做匠人,不做俗人。所谓不做匠人,是指通过我们的教育引导,学生能够避免做一个机械工作的匠人,能够享受职业带来的幸福感、成就感。2010 年 2 月 23 日《工人日报》报道:虽然中职生的就业率高,但整体中职生的生活幸福感很低,可持续发展能量很低。而改变这一状况,除了需要大环境的支持,更需要中职生增进对自我生命、自我价值的肯定,对自身专业的热爱,对终身发展的强烈愿望。我们还应引导学生避免成为一个只知挣钱的俗人,给他们以生命的教育,使他们能够有乐观向上的生活态度,有丰富细腻的内心情感,有一定的文学艺术修养和爱好,善于感受生活中的美好,自觉维护真善美,尊重他人也不断追求个人价值的实现,关注社会也拥有自己的独立人格和自由意志。

青岛经济职业学校珠宝专业分为三个方向:珠宝鉴定与营销、珠宝鉴定与设计、珠宝鉴定与加工。专业方向不同,对于学生素质的要求也不尽相同。为此,在教学中也是各有侧重,对于营销方向我们侧重于丰富学生的文化底蕴,提升其审美品位,不断培养他们的表达能力与沟通能力,让他们学会"若即若离"的营销手段,学会"知己知彼"的营销方略,学会"君子爱财,取之有道"经营原则;对于珠宝设计的学生侧重于引导他们热爱传统文化,善于从民族文化中汲取营养,把握"天人合一"的设计理念,拥有"敏而好学"的治学精神和"学而不化,非学也"的创新意识,让他们学会用中国元素设计珠宝,明确传统与时尚、民族与世界的内在关系;而对珠宝工艺的学生则教给他们做事要精益求精,专注而为,高精尖的技术不允许有丝毫的差错,所谓"差之毫厘,谬以千里",懂得"工欲善其事,必先利其器"的技术应用道理,培养"君子藏器于身,待时而动"的专业底气和"诚者,天之道也;思诚者,人之道也"的专业操守。

为此,我们在教学中进行如下探索。

一、语文课程根据珠宝专业的三个专门化方向有针对性地培养学生的人文素养

(一)定目标——针对不同的专业方向,制定不同的培养目标

对于珠宝营销方向的学生,培养目标是心有明珠。营销专业的学生首先要热爱珠宝,热爱珠宝玉石所具有的美,热爱珠宝玉石中所蕴含的传统文化,为此,需要关注学生的传统文化积淀和审美品位;其次只有把自己对宝石的热爱转递给顾客,讲清楚美在哪里,顾客才会买,为此,需要关注学生的沟通能力,让他们学会"若即若离"的营销手段,学会"知己知彼"的营销方略;最后,营销专业的学生应该有夜明珠一样高贵的心,真诚待客,恪守"君子爱财,取之有道"的经营原则,为此,借助《绝品》《千篇一律与千变万化》等篇目以及"文化寻访"课程对学生进行文化艺术熏陶和精神感染,通过演讲活动、口语训练来培养学生口

头表达能力和思维能力。

对于珠宝设计方向的学生,培养目标是眼有璀璨。珠宝设计方向的学生要具有较高的审美能力和善于发现的眼睛。对于传统文化的热爱,以中国文化为核心的创造精神和创新意识都是培养的重点。现在岛城的珠宝店很多,但真正巧妙构思、富有个性的作品却不多,大多重复且老套。设计师是需要人文素养的,是需要独具慧眼、独具匠心的。传统文化是他们取之不尽,用之不竭的资源库。引导学生在语文学习中热爱传统文化,了解语文独特的魅力和丰富内涵,使中国元素、古典文化因子成为他们创作的源泉。

对于珠宝工艺方向的学生,培养目标是手有宝石。所谓"手有宝石"有两层含义,一是要求他们手艺精湛,二是要求他们真材实料。我校珠宝工艺方向的学生是订单式培养,合作单位是京华饰品等公司。在京华饰品公司,手艺精湛的技师收入非常高。珠宝工艺古已有之,要求制作者心思沉静专注而为,这是中国文人的境界,也是珠宝工艺的学生追求的境界。此外,珠宝工艺行业讲究的是口碑,讲究的是诚信,绝不偷工减料。因此,通过语文课文中蕴含的人文元素培养珠宝人才是非常重要的任务。

(二)用方法——采用"三入式"文本阅读教学法熏染人文情怀

我校语文组经过数年的教学实践,探索出"三入式"文本阅读教学法,该教学法 2010 年被评为青岛市职教优秀教学法。教师引导学生在解读文本时,首先,情境导入,激趣入眼;接着,文本深入,解读入脑;最后,生活引入,感悟入心。通过"三入式"文本阅读教学法挖掘教材中的人文精神,提高学生的文化品位,熏染学生的人文情怀。

例如:在给营销方向学生讲授《诗经·静女》时,教师设计了一个小游戏——为流行歌曲找源头。上课伊始,教师就播放了《在水一方》《三千年的留言》等流行歌曲,让同学寻找歌词的源头。通过师生交流,同学们惊喜地发现:这些耳熟能详的歌词竟然取材于《诗经》,《诗经》原来离我们如此之近,《诗经》的魅力是永恒的,至今我们仍然浸润其中。通过这样的情境导入,在潜移默化中丰厚学生的文化底蕴。

而在给工艺方向的学生讲授《绝品》时,教师引导学生深入文本,解读"绝品"的含义,学生被文中画作、装裱、人品、友情的"四绝"所震撼。教师通过设问,文中人物常先生是如何精心设计保护这幅画的? 他的装裱技艺在其中起到了什么作用? 引导学生感悟常先生对国宝的殷殷情怀,感受常先生非同一般的装裱绝技,引发学生对民族传统工艺的惊叹和对"一技之长可以传世"的神往。

在给设计方向的学生讲授《创造宣言》时,教师是这样进行"生活引入"的,教师利用多媒体课件,向学生展示了本校首饰设计专业的创新作品以及计算机专业打破装机时间纪录的成果,引导学生认识到创造无处不在、人人都能创造的道理,促使学生热爱专业、相信自己的潜能。这些鲜活的事例与课文内容相得益彰,互为补充,大大激发了学生的创新意识,取得了显著效果。

(三)用文本——挖掘单元话题中蕴含的人文性,渗透人文理念

教材以话题组元,每个单元都有一个共同的人文话题,强调了语文教育所具有的培养学生的审美能力、文学鉴赏能力和通过经典文学作品了解传统文化的教育功能。为此,在教学中教师充分利用单元话题蕴含的人文因素,围绕单元话题,精心设计单元延展活动,对学生进行人文理念的渗透。

以第三册为例:

在给营销方向学生讲授第二单元"培养敬业的精神"时,我们设计了这样的单元活动——"素质与机遇"辩论会,通过学习《列车上的偶然相遇》等文章,引导学生思考在成才之路上素质与机遇哪个更重要。在收集材料、分组辩论的过程中,学生们可以体悟正确的人生观和价值观是成功的根本,优秀的综合素质是成功的关键。

在给工艺方向学生讲授第三单元"恪守处事的准则"时,我们对《廉颇蔺相如列传》《绝品》等课文进行课本剧的改编和表演,使学生明白要做事先做人,做人做事都要"恪守处事的准则","如切如磋,如琢如磨"。

在给设计方向学生讲授第四单元"把握成功的机遇"时,我们设计这样的单元活动——介绍我心中的名人。学生可能会介绍文中的人物,比如王选、许振超,也可能会介绍钱学森、比尔·盖茨,也可能介绍他们心中的偶像,比如刘翔、李娜,或许是周杰伦、成龙。学生在交流中会发现,不管自己介绍的是哪位名人,这些名人都有共通之处,那就是对自身领域的热爱、不断创新的意识。

通过单元延展活动,大大提高了学生对单元话题的认识,对树立学生正确的人生观、价值观,发展阅读主体的个性和创造性,培养人文理念有重要的作用。

二、选修课程根据珠宝专业的三个专门化方向有侧重地传授人文内容、设计不同的学生活动

(一)目标

青岛经济职业学校是最早开设选修课程的学校之一,选修课的确是培养学生人文素养,提升文化品位的源头活水之一。教学大纲指出,"在培养语文能力的同时,教师要善于引导学生提高思想认识、道德修养、文化品位和审美情趣",这就意味着我们需要对语文教育所具有的教育价值进行重新认识和定位。为此,我通过丰富的选修课程来充实珠宝专业语文教学的人文价值。

(二)过程

1. 设计不同的选修途径。

为此,我们首先开发实施不同的人文类选修课程,中国古典文化寻访、演讲与口才、口语交际、《论语》《孟子》、成语故事、名作名片欣赏、西方文学欣赏,提供给学生不同的"文化套餐"。其中,中国古典文化寻访为限定选修课,其他为任意选修课。

珠宝专业任意选修课表

专业方向	备选课程				选定课程
珠宝鉴定与营销	口语交际	成语故事	《论语》	演讲与口才	
珠宝鉴定与设计	《论语》	《孟子》	名作名片欣赏	西方文学欣赏	
珠宝鉴定与工艺	《论语》	《孟子》	名作名片欣赏	成语故事	

此外,教学中以第二课堂为补充,充分开发职业学校语文课的课程资源,促使每一个学生的语文能力不断提高,促进他们的潜能都能获得充分的发挥,为他们的专业发展、终生成长打下一个厚实的人文底色。具体做法如下。

(1)读书社团:加强课外阅读,陶冶学生人格。

(2)班级博客:搭建网络平台,培养人文素质。

(3)社会实践活动:参加珠宝展,到东海、昌乐等宝石出产地参观考察。

(4)校园文化建设:国旗下名言宣讲、古典文学晨读。

2. 设计不同的学生活动。

语文教学的一个重要目的就是引导学生领悟中国语言所蕴含的民族精神、民族感情和民族道德关怀,学习中华民族的优秀传统文化。为此我以限定选修课中国古典文化寻访为载体,设计不同的活动,丰富学生的文化底蕴,培养他们对传统文化的热爱。

中国古典文化寻访共七章,根据三个不同方向,我们选取不同的章节,就不同专业设计不同活动。

	中国古代服装文化	中国传统饮食文化	中国古典建筑文化	中国传统民俗文化	中国传统戏曲文化	中国古代书画文化	中国古典诗词文化
珠宝鉴定与营销	"我也穿唐装"T台秀				京剧《锁麟囊》欣赏		诵诗会
珠宝鉴定与设计				民俗元素珠宝设计		书法比赛	诵诗会
珠宝鉴定与工艺		巧手做出"太极汤"	"我心中最美的古建筑"评选			书法比赛	

例如,我们为珠宝设计方向学生设计了民俗文化活动——以民俗节日为元素设计一款时尚饰品。学生们设计了粽子形的项链挂坠、烟花形的戒指、剪纸形的耳环,非常漂亮。引导他们用中国元素设计珠宝,明晰民族的就是世界的创作理念,培养以中国传统文化为核心的创造精神和创新意识。为药剂专业方向学生设计了饮食文化活动——"药食同补话饮食",让学生搜集、设计具有食疗作用的饮食配方,或亲手制作拍成照片、视频,或搜集资料,做成课件,向同学们进行介绍。学生从中品味精工制作的快乐,感受中国药剂和饮食的美妙,在感受古代文化的熏染的同时,更加深了对本专业的了解和热爱。

通过丰富多彩的活动,对学生进行较为系统的传统文化的学习,能够使祖国的传统文化精髓逐步渗透在广大中职学生的思想、感情、灵魂和人格中,起到丰厚文化底蕴,培养生活情趣,形成积极人生态度的作用。

第二章 基于核心素养的
中职语文课堂教学研究

    21世纪的教育聚焦在"应该培养什么样的人，怎样培养人"的核心问题上。世界教育创新峰会提出的"21世纪核心素养"(21st Century Skills)已经影响到很多国家的教育政策与教育实践。"核心素养"作为国家教育意志的体现，随着2016年9月13日《中国学生发展核心素养》的发布正式落地。《中国学生发展核心素养》总体框架包括文化基础、自主发展、社会参与三大方面，综合表现为人文底蕴、科学精神、学会学习、健康生活、责任担当、实践创新六大素养，具体细化为18个基本要点。在国家学生发展核心素养的统领下，各个学科依据学科特点确立本学科的核心素养。最新颁布的基于学科核心素养的高中新课程标准，对各学科的核心素养有了明确的界定。"核心素养"开始进入课程，走进中小学。中国基础教育迈入核心素养培养的新时代。

    中职语文的核心素养设计分为"语言建构与运用""思维发展与提升""审美鉴赏与创造""文化传承与理解"四个方面。语文核心素养以语言为载体或媒介，构成四位一体的学科内涵，融汇交织，密不可分。学生接受母语教育，在某个时候或采用某种方式时，可能会有所侧重，但都是交融渗透、综合学习的。

    2014年12月教育部《关于深化职业教育教学改革全面提高人才培养质量的若干意见》(征求意见稿)提出了职业教育要"以提升学生思想道德修养、人文素养和综合职业能力为核心，全面提高人才培养质量"的指导思想，对职业教育提出了明确的前进方向。2016年9月《中国学生发展核心素养》的颁布，更加明确了学生应具备的适应终身发展和社会发展需要的必备品格和关键能力，为深化课程改革和教学改革提供了研究方向，也为我们每一个教育工作者指出了努力的目标。如何让语文核心素养落地，探究可行的语文核心素养教学转化之道，成为摆在每个中学语文教师面前的课题。

"千呼万唤始出来"，2019 年教育部颁布《中等职业学校语文课程标准》，中等职业语文教学终于进入了新课标时代。新课标是国家课程的基本纲领性文件，是国家对基础教育课程的基本规范和质量要求。新一轮中等职业教育课程改革将我国沿用已久的教学大纲改为课程标准，反映了课程改革所倡导的基本理念。

2019 年《中等职业学校语文课程标准》颁布，明确了教与学的广度与深度，细化了育人的目标，确立了评价的依据，为中等职业学校语文教学指出了课程改革与教学改革的方向。其中最重要的是确立了中职语文学业质量标准，明确了学业质量水平的框架。新课标对学业质量标准的描述由原先的"双基""三维目标"改为中职语文学科核心素养。中职语文核心素养是指中职学生通过语文课程的学习，在读、写、听、说的语言实践活动中逐步形成的正确价值观念、必备品格和关键能力。其结构要素为语言、思维、审美和文化。新课标将中职语文学科核心素养设计为"语言理解与运用""思维发展与提升""审美发现与创造""文化传承与参与"四个方面。

我们课题组准确领会学科核心素养的完整内涵和实现路径，把学科核心素养有机地融入自己的学科教学实践之中。从课程建设和教学实施两方面入手，借助国内外专家的先进理论，结合自身教学，进行基于核心素养的中职珠宝专业语文教学实践研究，探求出一条切实可行的提升语文核心素养的教学之路，为发展青岛市中职语文核心素养乃至提升全市中职各学科、各办学模式提供有力的理论依据和推广经验。

课题组从课程建设和教学实施两方面入手，制定适合学生需求和专业发展的中职珠宝专业语文教学实施方案和语文课程标准，进行以核心素养为本的课程改革，对教材进行合理取舍，设计适合学生学习实际和核心素养培养目标的语文课程，从而引领学生在阅读中完成语言训练和审美阅读，提升思维能力和审美能力，形成独特的阅读体验，进行文化的理解与传承，进一步提高学生的语文核心素养。

一、子课题 1——基于核心素养中职珠宝专业语文课程建设研究,转变教育理念,重构语文课堂教学

(一)课题组积极响应国家教育精神,直指新课程目标,树立基于核心素养的教学理念

进行了相应的教材整合和课程建设,满足了学生学业深造要求和终身发展需求。在课程建设中实现三个观念的转变:第一个观念转变——变"学生以课程为中心"为"课程以学生为中心";第二个观念转变——变"根据教材授课"为"设计学生学习经历";第三个观念转变——变"为学生升学就业服务"为"为学生终身发展奠基"。

(1)研究、制定教学实施方案。通过分析调查问卷和访谈内容,结合青岛经济职业学校语文教学实际,经过主题教研探讨和专家论证,制定出《青岛经济职业学校中职珠宝专业语文教学实施方案》,把学科核心素养的培养贯穿于教育教学中,把以生为本的思想体现在教育教学中,实现教育教学模式的阶段性创新。

(2)树立正确的课程意识,准确把握课程内涵。任课教师以先进的课程理论为指导,树立了正确的课程意识。理解中职珠宝专业性质与理念,把握课程目标,领会课程的结构与功能,在教学实践中加强反思与研究,发挥教师的主导作用,体现学生的主体地位,充分发挥师生双方在教学中的主动性和创造性,在师生互动中促进教学的有效生成。教师要有终身学习的意识,不断提高课程实施水平,在实践与反思中促进自身专业发展。

(3)遵循语文教育规律,体现职业教育特色。课题组教师要遵循语文教育规律,把握语文课程内涵丰富、实践性强的特点,以提升语文素养为核心,以语文活动为载体,强化语文实践,引导学生多诵读、多思考、多运用、多积累,逐步培养良好的语感和整体把握能力,充分发挥语文课程熏陶感染、潜移默化的功能,重视学生在学习过程中的情感体验,尊重学生阅读与表达的自主性与独立性。根据 3+4 本科贯通教育的培养目标对人才的素质要求,教师充分利用各类教学资源,有机融入职业素养教育,加强教学内容与社会生活、职业生活以及专业课程的联系,提高学生综合职业能力。

（4）尊重学生成长发展规律，选择有效的教学策略。学生发展具有顺序性、阶段性，语文教学要选择有效的教学策略，由浅入深、由易到难，适合学生年龄和心理特点。学生发展具有个体差异性，语文教学要把握学生的语文基础、学习能力，注重实施分层次教学，进行分类指导，因材施教。学生学习具有主体性，语文教学要营造和谐、融洽的学习氛围，精心选择教学模式、手段与方法，激发学习热情，挖掘学习潜能，调动学生学习的自觉性与独立性。

（5）有效应用现代信息技术，提高学生的信息素养。重视现代信息技术与语文课程的整合，提高信息素养，合理有效地利用信息化教学手段，提高教学效率，拓展语文教学的空间；鼓励学生有效利用信息技术主动学习、自主学习、创造性学习，丰富语文学习的途径；培养学生的信息意识，提高信息处理能力，提高利用信息技术分析问题、解决问题的能力。

（二）根据教学实施方案，进行课程建设

对中职教材及人文选修教材进行合理取舍、有机融合，并与珠宝专业学习相结合。在课程整合中注重人文熏陶与价值引导，注重语文素养与职业成长，注重语文实践与专业融通，注重体验性学习与自主性学习，注重学习策略与课程创新，注重资源建设与地域特色，最终形成适合中职珠宝专业学生学习实际和核心素养培养目标的语文课程。

（1）全面发挥语文课程的功能，促进学生素质的整体提高。语文课程的功能是多方面的。在教学中，要注意全面地发挥语文课程的教育教学功能。中职珠宝专业语文课程应在义务教育的基础上进一步提高学生的语文素养，应该继续关注学生的语言积累以及语感和思维的发展，帮助学生在阅读与欣赏、表达与交流的实践中，掌握学习语文的方法，增强语文应用能力，培养审美能力、探究能力。中职珠宝专业语文课程还应体现高中课程的共同价值，重视情感、态度、价值观的正确导向，充分发挥优势，促进学生整体素质的提高。这些学生经过义务教育阶段的学习，已具备一定的语文素养；语文学习中的个性倾向渐渐明显，不同学生的学习兴趣和需求的差异逐渐增大。中职珠宝专业的教学，要在保证全体学生达到共同的基本目标的前提下，充分关注学生在语文学习中面临的选择，努力满足其学习要求，支持其特长发展和个性发展。学生对于应用性目标、审美性目标、研究性目标可能各有侧重，教师应该帮助他们选择适当的选修课实现其目标。

（2）大力倡导自主、合作、探究的学习方式。根据学生身心发展和语文学习的特点，积极倡导体验性、自主性学习方式。创设多种学习情境，激发学生的好奇心、求知欲，在阅读欣赏、表达交流、语文综合实践活动中有效引导学生的认知体验、情感体验和行为体验，在多方位、多元化的体验中让学生获取知识，发展能力；关注学生的个体差异和不同的学习需求，充分激发学生的主动意识、探究意识和进取精神，优化学习方式，通过创造性的学习实践与探索活动，促进学生自主性发展。语文教学应为学生创设良好的自主学习情境，激发其学习兴趣，调动其持久的学习积极性和主动性，帮助他们树立主体意识，了解自己、了解学习的对象，根据各自的特点和需要，调整学习心态和策略，探寻适合自己的学习方法和途径。学习应当是"接受"和"探究"的和谐统一。

（3）语文课程与学生专业学习有机结合。结合珠宝专业特色和专业需求，中职珠宝专业语文课程在夯实学生的语文基础、培养学生的语文能力的同时，注重培养学生的人文情怀和综合素养。珠宝行业的特殊性决定了其对学生的人文素养要求较高。珠宝玉器、金银饰品是一种特殊的商品，蕴含着文化与艺术、传统与时尚等多种元素，对行业人士的文化素养、审美情趣有较高的要求；珠宝玉器、金银饰品又是一种珍贵的商品，行业人士的诚信品质、设计理念和敬业精神是非常关键的。

（4）在课程建设中注重学习策略与课程创新。教师吸收了语文学科研究与课程改革的最新成果，注重学习策略的研究与应用，在课程内容、结构、方式、评价等方面有所创新，提高教学成效。在语文教学中，选用科学、合理的教学策略，构建开放而富有活力的语文课堂；充分考虑中职珠宝专业教育对语文课程的特殊要求，遵循共同基础和多样选择相统一的原则，满足学生在学习内容和学习形式上的差异化需求，促进学生个性化健康发展。

二、子课题 2——基于核心素养的中职珠宝专业语文课堂教学研究，探索新的教育模式，优化教学方式和学习方式

借助国内外专家的先进理论，结合自身教学，以高中阶段的语文学科核心素养为参照，准确领会学科核心素养的完整内涵和实现路径，进行了课堂实证研究,把学科核心素养有机地融入自己的学科教学实践之中,使语文核心素养落地,探究出可行的语文核心素养教学转化之道。课堂教学实施成效显著,学生语文素养不断提升。

(一)通过优化教学模式和学习方式,实现语言、思维、审美和文化各个维度的提升

教师的备课方式、学生学习模式都在传统教学、学习方式基础上进行了一定的创新尝试,课堂教学效果不断优化。青岛经济职业学校语文组主创的"三入式"文本阅读教学法,被评为青岛市中职首批优秀教学法,已在全市推广。所谓"三入式"有两个含义,一是课堂结构由三部分组成:情境导入—文本深入—生活引入;二是课堂教学有三个要求:入眼—入脑—入心。在课题研究教学实践中,教学的关注点从"怎么教"到"怎么学"转变,从"教什么"到"学会了什么"转变。在课题研究教学实践中,以"核心素养"为本,进一步优化改进此教学模式,推进了课题研究,达成既定目标。

转变学习方式。在语文课堂和课外学习中,坚持"以生为本""以人为本""以养为本",以"语言建构与运用""思维发展与提升""审美鉴赏与创造""文化传承与理解"四个维度为指导,引导学生自主探究学习和深度学习,重视学生的主体性体验、主体化表达,通过创设情境、合作学习、对话文本等多样化的学习方式,调动学生的学习主动性,锻炼学生独立思考和自主阅读的能力,不断提高学生的语文学科核心素养。运用新媒体,扩大学习容量。借助学习通平台和交互智能平板,优化了教学的全过程。建立学生学习平台,便于课上课下师生互动交流。

我们确定了语文课程的课堂观察点,开展实证研究,并在实验中修改完善。准确领会人文素养的完整内涵和实现路径,借助国内外先进教育理论,结合自身教学,把核心素养有机地融入学科教学实践之中,进行以语文素养为核心的语文课堂建设与课例研究。

1. 情境导入,激趣入眼。一堂新课的导入,就像一出戏的序幕。有人说,导入如同下棋的第一步,虽然是第一步,但却是关系全局的一步。可见导入的重要性。因此,如何导入一堂新课,是教师首要考虑的问题。"三入式"文本阅读教学法采用了情境导入的方式,通过设置一个与文本、与作者密切相关的情境,来激发学生的阅读兴趣,引发他们的思考,引导他们关注文本内容,体会作者的思想情感,实现真正的阅读。

(1)可以从热门节目导入。如讲授《琵琶行》,教师以热门节目"经典咏流传"中的《琵琶行》歌曲导入,让学生感受现代艺术与经典诗文的完美结合,感受唐诗跨越千年的魅力,感受唐诗浸润于我们民族的血液中。再配以这样的课堂收束:让学生阅读美文《今天能读到唐诗,你知道有多幸运吗》,了解胡震亨、钱谦益、季振宜、康熙等人传承编辑唐诗的故事。教师讲述:"因为他们,我们今天才能看到唐朝的伟大诗人们朝辞白帝、夜泊牛渚、暮投石壕、晓汲清湘;看到诗人们记录下千里莺啼、万里云罗、百尺危楼、一春梦雨;看到他们漫卷诗书、永忆江湖、哭呼昭王、笑问客来,这是何等的享受,又是何等的幸运。"从而完成了对传统文化的理解与传承。

(2)也可以从作家导入。讲授小说《绝品》时,教师向学生分三点介绍作者:"文字版的《清明上河图》"——谈歌"绝"字头系列小说《绝印》《绝唱》《绝剑》《绝井》《绝方》《绝地》等;作者谈歌——生于燕赵大地的血性作家,以家乡的燕赵大地为创作背景;创作主题——"歌咏豪侠之士,歌咏人间正道"。将名画与作者、与文本巧妙勾连,进一步拉近了学生和文本的距离。

(3)还可以从故事导入。在讲授《项链》时,教师以灰姑娘的故事导入:"她是一个美丽动人的姑娘,她的生活很不幸,一张舞会的请柬打开了希望之门,在仙女的帮助下,她得到了漂亮的衣服和鞋子,她在舞会上引起了轰动,在舞会中途她逃走了,丢失了水晶鞋……童话的结局是她与王子过上了幸福的生活。"接着,学生讲玛蒂尔德的故事:"她也是一个美丽动人的姑娘,她的生活很不幸,一张舞会的请柬打开了希望之门,在朋友的帮助下,她得到了漂亮的项链,她在舞会上引起了轰动,在舞会中途她逃走了,丢失了项链。故事的结局是……"以此来激发学生的阅读兴趣,引发他们的思考。

(4)还可以从诗词导入。如讲授《故都的秋》时,可以从古今中外咏秋的诗词导入。

(5)还可从歌词导入,如讲授《静女》时,播放《在水一方》《三千年的留言》等流行歌曲,让学生感悟《诗经》的"芬芳"。讲授《致橡树》时可以从漫画导入;讲授《奥斯维辛没有什么新闻》可以从背景导入……

2. 文本深入,解读入脑。在深入解读文本时,教师要给学生精心设计一个思考的抓手,一个深入探究文意的切入点,逐步引导他们正确把握文本,层层深入文本。使他们从"只听不思"中解放出来,积极思维,深度学习,"就作品中感兴趣的内容进行讨论,说出自己的理解、体验或感悟"。在深度阅读中,实现语言、思维、审美和文化各个维度的提升。

(1)问题引领,文本深入。如讲授《张衡传》时,以"张衡为什么会成为闻名中外的伟人"这个问题引领全文,引发学生对文本内容的深入探究;在讲授《将进酒》时,以"我读出了_____的李白"问题引领。从"朗读感知——把握基调,我读出了一个_____的李白",到"听读欣赏——体味情感,我听出了一个_____的李白",再到"品读揣摩——理解李白,我悟出了一个_____的李白",最后"深入研读——体会矛盾",通过讨论问题"诗人一面感慨'天生我材必有用',一面又说'钟鼓馔玉不足贵',你认为这样说矛盾吗? 哪一句才是李白真正的人生宣言?"得出结论:"我品出了一个_____的李白。"至此,学生完成了与诗歌的对话,达成了对诗人的共情与共鸣。

(2)层层深入,解读文本。如讲授《林教头风雪山神庙》时,通过四步:①讲述一个故事,②欣赏一个人物,③了解一种社会现象,④感知一种悲情,层层深入,实现对文本的深度阅读。学生语言、思维、审美和文化各个维度的核心素养得到了提升。

(3)以诗诠诗,别样解读。如讲授《再别康桥》时,第 1 节是"剪不断,理还乱是离愁";第 2 节是"伤心桥下春波绿,曾记惊鸿照影来";第 3 节是"记得绿罗裙,处处怜芳草";第 4 节是"柔情似水,佳期如梦";第 5 节是"所谓伊人,在水一方";第 6 节是"黯然销魂,唯别而已";第 7 节是"你若安好,便是晴天"。通过以诗诠诗的方式,扩大了学生的诗词容量,培养学生对诗歌的热爱,深化了对《再别康桥》诗歌意境的理解。

(4)比较阅读,文化认同。如讲授老舍的《我的母亲》时,将其与美国作家罗曼加里的《我的母亲》进行比较阅读:①从母亲的个性差异入手,比较东西方母爱方式的不同;②从儿子对母爱的不同感受入手,比较两篇文章写作特点的不同;③感受母爱,学会做人。让学生体味文化有差异,母爱同伟大。

语文老师以高于学生、高于一般读者的审美能力、文化品质和道德修养,以自身对生活的独特体验、对文本的深刻理解,引领学生完成对课文的欣赏、再创造,师生在文本解读的过程是完成审美阅读的过程,引领学生联系自我,反观自身,形成独特的阅读体验。提升思维能力和审美能力,进行文化的理解、参与与传承。

3. 生活引入,感悟入心。通过拓展延伸的教学环节,引导学生将文本与生活结合起来,进行个人对现实、对历史、对自身的思考和感悟,帮助他们树立正确的价值理念,为他们的人生涂抹人文底色。比如通过《荷花淀》《项链》的生活引入,引发对女性形象的思考与关注;从《张衡传》《廉颇蔺相如列传》《都江堰》的拓展中,引导学生对责任担当的理解与传承;通过《雷雨》《阿Q正传》联系现实生活,唤起学生对他人的悲悯之心;通过《报任安书》反观生活,学习面对不幸命运的不屈精神;从《赤壁赋》的拓展学习中,实现对民族密码的解读与传承。

(二)探寻各种文体阅读教学的最佳方式,培养语文学科核心素养

课题组试图以探寻各种文体阅读教学的最佳方式,引领学生在阅读中完成语言训练和审美阅读,提升思维能力和审美能力,形成独特的阅读体验,进行文化的理解与传承,进一步提高学生的语文核心素养,为学生终身学习和全面而有个性的发展奠定文化基础。下面以小说文体为例,介绍课题组是如何在小说阅读教学中,通过生本对话完成文化的理解与传承的。

1. 解读中长篇小说节选内容时,提倡整本书阅读和整篇阅读。引导学生精读与略读相结合,片段赏读与整本书泛读相结合。还原时代文化背景,把握人物形象的文化价值和审美取向。

比如在解读《阿Q正传》(节选)这一篇目时,教师引导学生课下完成整篇文章的阅读,并利用交互智能平板,实时检测学生阅读情况。引导学生还原时代特征和社会背景,把人物放在具体的文化背景中解读,整体把握人物命运走向,理解典型环境中的典型形象。

《阿Q正传》以情景导入、文本深入、生活引入贯穿课堂。一是教师以自制的flash动画"Q型小人物",激趣导入。二是以"阿Q与未庄""阿Q与精神胜利法""阿Q与辛亥革命""阿Q与鲁迅"四步深入解读文本。首先,引领学生分析环境,使学生了解阿Q是这一典型环境中的典型人物——腐朽黑暗社会的最底层劳动者,他的身上有着深深的时代特征和阶级烙印;接着,引领学生与文本对话,进一步熟悉情节,分析阿Q面对革命的心路历程,认识人物的病态心理,从而把握阿 Q——典型的"精神胜利法"患者,国民劣根性的代表人物,进而思考阿 Q 现实与幻想的差异,感受人物可笑之中的可怜与可悲;然后,小组合作探究"阿 Q 与辛亥革命",找出人物的悲剧病因,阿 Q——受侮辱受损害而不自觉的愚弱国民的代表;最后讨论阿 Q 的出路,把握作者的创作意图——唤醒"这样沉默的国民的魂灵",引起"绝望的反抗"。三是以"阿 Q 与我们"作结尾,使学生了解阿 Q 是世界文坛的不朽的艺术形象,阿 Q 性格中的弱点既是中国现代国民劣根性的代表,又是人性中的普遍存在的弱点,教师播放 flash 动画"以阿 Q 为镜明得失",引导学生联系生活,反省自身。

通过引导学生深度思考、深度阅读,从中感悟到阿 Q 形象的典型性和复杂性,把握人物所承载的文化意义和批判价值,从而感受鲁迅对旧社会、对人性的深度思考,感悟鲁迅对阿 Q 们的复杂而深沉的悲悯情怀。

2. 在解读当代短篇小说时,了解同一文化背景下同类人物的文化特征,传承中华民族的传统美德,解读中华民族的文化密码。

以当代作家谈歌的短篇小说《绝品》为例,通过解读文本,引导学生把握人物和文化特征,理解并传承中华民族的传统美德和家国情怀。在预习环节,教师在智能交互平板发布了任务,要求学生分组搜集收藏故事,如燕赵英雄故事和"感动中国人物"故事,并制作 PPT。

在情境导入环节,教师以《清明上河图》的动态视频吸引学生的注意力,引发学生对国宝级名画的赞叹和珍视。继而用《清明上河图》的收藏故事让学生领悟:创作珍品不易,保存国宝更难。接着,以"文字上的清明上河图"来介绍作家作品,点出谈歌是燕赵大地的血性作家,坚持以"歌咏豪侠之士、歌咏人间正道"为创作主题。在文本深入环节,教师首先让学生根据预习情况,复述故事情节,找出小说的时间、地点、主要人物,从而让学生初步感知:这是在燕赵大地上,一对燕赵好男儿相识相知于乱世,发生的一场可歌可泣的故事。接着,引导学生分组讨论,常先生、刘三爷、王商人是怎样对待国宝级名画的。学生通过深度阅读,在合作探究中深切感受人物的侠肝义胆和家国情怀。教师补充名句:"生亦我所欲也,义亦我所欲也;二者不可得兼,舍生而取义者也""君子喻于义,小人喻于利",让学生进一步感悟人物品格,感受民族精神,把握"绝品"的丰富内涵。最后,在生活引入环节,教师让学生展示课前准备的"感动中国人物"故事,完成对民族美德的传承与理解。

无论是作家谈歌的其他小说中的人物形象,还是学生搜集的燕赵古代英雄、当代感动中国人物,以及教师在课堂上补充的鲁迅与瞿秋白的友情故事,这些人物都与《绝品》主要人物属于同一文化背景,有着相同的文化特征,这些文化特征就是汉民族文化密码的有机组成部分。学生通过生本对话、生生对话、师生对话,完成了文化理解,实现了美德浸润。

3. 解读外国小说时,通过同一作家不同作品的比较阅读,通过不同作家同类人物的比较赏析,了解其他民族的文化背景和文化特征。

在讲授莫泊桑的短篇小说《项链》时,教师引导学生了解19世纪法国的文化背景,比较赏析同一文化背景下的不同女性形象,感受"圆型人物"的可爱与丰满。

首先,教师讲述作者另一篇小说《珠宝》导入新课。接下来请一名同学根据预习,简介作者及代表作,从而让学生了解莫泊桑是19世纪末法国批判现实主义作家,善于描摹人情世态,揭示人性弱点,构思别具匠心,为下面把握小说内容和主旨张本。

其次,以"初读人物——一个美丽的姑娘"开启文本阅读。通过分析"她也是一个美丽动人的姑娘"这句话,引导学生了解在19世纪的法国,女人仅有美貌是不够的,如果没有显赫的家世、丰厚的陪嫁,再美丽的女子也无法嫁给上流社会的人,从而让学生认识到玛蒂尔德过于天真幼稚,对社会缺乏正确的认识。然后"再读人物——都是项链惹的祸",通过小组合作,探究文本,让学生认识到女主人公的命运遭遇都是"项链"惹的祸,她的悲剧在于她的虚荣心。引导学生进一步把握人物的性格特点,并认识到虚荣心这一人性的弱点对人物命运的巨大影响。教师再次抛出导读题,引导学生深入文本,"三读人物——偶然之中有必然",引导学生找出文中的伏笔,体会到作者构思的巧妙,让学生进一步认识到正是女主人公爱慕虚荣、天真幼稚的个性导致了她的悲剧。看似偶然的故事走向,有着必然的因果关联。

最后,教师以问题"你喜欢玛蒂尔德吗?"进入生活拓展环节,让学生在讨论中认识到女主人公已经由一个娇弱虚荣、天真幼稚的女孩子成长为一个勇敢坚强、令人尊敬的成熟女性,也了解到文学创作中"圆型人物"远比"扁型人物"真实可爱。同时,教师引导学生将玛蒂尔德与《珠宝》中的郎丹太太相比较,并补充同一时期其他作家塑造的女性形象——《包法利夫人》中的包法利夫人、《高老头》中的两个女儿。通过比较赏析同一文化背景下的不同女性形象,学生进一步感受玛蒂尔德人品的可贵,对其产生悲悯情和共情心。从而把握作者的创作意图,完成了对不同文化的理解。

由于传统教学思想的钳制,束缚了师生的审美感悟力和创造力,也降低了学生的对经典阅读的兴趣。课题组老师探寻各种文体阅读教学的最佳方式,阅读教学取得前所未有的成效。

(三)巧用名人名言、故事绘本、照片、音乐、视频等教学资料,引发学生深入思考,培养审美意识与审美能力

1. 巧用名言,加深对文本的理解。如在讲授《项链》中巧用莫泊桑的名言"人的脆弱与坚强都超乎自己的想象。有时,你可能脆弱得一句话就泪流满面;有时,也发现自己咬着牙走了很长的路",引导学生理解女主人公的心路历程;在讲授《林黛玉进贾府》时,引用张爱玲的名言"平生所言有'三大恨':一恨海棠无香;二恨鲥鱼多刺;三恨《红楼梦》未完",使学生感受《红楼梦》的魅力;在讲授《套中人》时引用张洁的名言"小说除了人名是假的,其余都是真的",引导学生反观自身,感悟生活。

2. 巧用照片,引发对人物的共情。在讲授《奥斯维辛没有什么新闻》时,教师用了五张照片,配以大提琴曲《殇》,帮助学生了解那段悲惨的历史。用真实的照片和低沉的音乐来震撼学生的心灵,照片与文字互相印证,唤起学生对受难者的同情。

第一幅:这是走向毒气室的母子,母亲并不知道自己正领着孩子走向死亡。纳粹所谓的浴室其实是毒气室,当母亲满心欢喜地给孩子脱去衣服,准备为他们洗去满身污垢时,她们等来的不是盼望已久的热水,而是致命的毒气,奥斯维辛集中营一大一小两个毒气室不知吞噬了多少母亲和孩子。第二幅:这是巨大的焚尸炉,它们日夜不停地工作着,冒出的滚滚浓烟熏黑了布热金卡的蓝天。第三幅:如鸽笼般的女牢房囚禁了多少女性的梦想。第四幅:长廊两边的纪念墙挂满了死难者的照片,可怜的人们面对镜头表情木然,他们知道照相机后面就是屠刀。第五幅：这是相亲相爱的一家人，父亲怀抱的男孩叫佐尔丹，他侥幸逃过了一劫，但他的家人全部在奥斯维辛遇难，参观者看到的"玻璃窗内成堆的头发和婴儿鞋子"，或许就有他母亲的长发、他弟弟的小鞋子。

3. 巧用漫画，唤起审美体验。在讲授《致橡树》时，展示故事绘本《失落的一角遇到大圆满》并介绍：这个绘本在国外很流行，得到美国前国务卿希拉里的点赞，她说读懂了这个故事，就能拥有美满的爱情。提问学生：故事阐述了一个什么样的道理？唤起学生的审美体验，从中领悟到：要寻到真爱，首先要有一个独立的人格和相对完善的品质。

正如孙绍振老师所说："语文课堂不要重复学生一望而知的东西，要讲出学生感觉到又说不出来或者以为一望而知其实是一无所知的东西。"课题组老师巧用名人名言、故事绘本、照片、音乐、视频等教学资料，引发学生深入思考，培养审美意识与审美能力。

(四)课堂教学成效显著，学生语文素养普遍提升

课题组老师采用"三入式"文本阅读教学法，引导学生转变学习方式，合作探究、深度阅读。科学合理运用信息技术辅助教学，学习通平台和交互智能平板的使用、微视频的运用激发了学生的阅读兴趣，降低了阅读难度。课题组老师在语文课堂重视朗读训练，回归文本阅读，营造学生潜心读书的氛围；重视情感体验，鼓励主体表达，拓展学生对经典文学的探索空间；重视阅读技巧，教会赏析方法，引导学生将阅读习惯延伸到课外；重视新媒体参与，信息化辅助教学，打造教与学的新模式。

通过课堂实证研究，探索了文本阅读的有效路径。每个教学设计，都遵循整体感知到重点研读，再到深入思考的教学规律，从而使学生从"只听不思"中解放出来，积极思维，深度阅读，实现语言、思维、审美和文化各个维度的提升，树立正确的价值理念和审美意识，提升其语文核心素养，取得了显著的教育教学成效。

首先是学生在语文课堂上表现突出：认真听讲，积极发言，参与面大。学生倾向于主体性表达，小组合作探究，充分表达自己的观点。阅读兴趣、写作兴趣大大提高，并将对语文的学习热情延续到课外。

其次是语文成绩不断提高。根据学校学分网统计，2015—2020级中职珠宝

专业学生语文成绩的优秀率、及格率、平均分都较入学成绩有大幅提高,在每学期的全市期末统考中各项指标均名列前茅。学生在各级各类活动中取得优异成绩,如 2015 级 1 班王堃元、纪静怡获得全国文明风采大赛演讲比赛二等奖,多名同学获得二、三等奖;2016 级 1 班刘恩泉、2017 级 1 班游喆语获得青岛市职教故事演讲比赛一等奖,多名同学获得二、三等奖。

语文素养的不断提升也促使中职珠宝专业同学们更加自信好学,在各级各类比赛中崭露头角。参加三届全国职业院校"广艺杯"钻石分级大赛,获得三金五银一铜的好成绩,三次强势蝉联国家级团体第一名;两名同学参加国家级首饰设计比赛分别获得全国二等奖、全国优秀奖;由青岛市人社局举办的珠宝鉴定比赛,学生们和社会专业人员同台竞技,取得第一名和第六名的好成绩;在青岛市职业学校技能大赛中,数学竞赛、英语口语竞赛、珠宝专业技能比赛等赛项共有 80 人次获得一、二等奖的好成绩。一名学生被评为山东省优秀学生干部,三名学生被评为青岛市优秀团员,五名学生被评为青岛市优秀学生干部,五名被评为青岛市优秀团员,中职珠宝专业班级多次荣获市、校优秀班集体、先进团支部。

(五)为学生终身学习打下坚实基础

课题组通过对职高教材的有机整合,通过教学模式和学习方式的改变,不断提高学生的语文核心素养,为他们的终身学习奠定了坚实的文化基础,为他们全面而有个性的发展渲染了人文底色。

总之,我们立足于学生的终身发展,通过课程改革与建设,通过教学模式和学习方式的改变,切实提高了中职珠宝专业学生的语文学科核心素养,助力学生形成正确的价值观、学科的必备品格和关键能力,使之成为适应自身可持续发展要求的、适应社会变革要求的人才。

课堂教学

第三章 徜徉诗歌的海洋

第一节 《沁园春·长沙》教学札记

熟悉毛泽东诗词的都知道,毛泽东诗词选的第一首往往是《沁园春·长沙》,可见这首词的重要性,而这首词却一直没有被收录进课本,我认为,是和这首词创作的年代久远、蕴含的内容学生难于理解有关的。新教材编写者第一次将《沁园春·长沙》收录进中等职业学校国家规划教材的第三册,使学生有了欣赏这篇奇文的机会,我也在教学中做了大胆的尝试,并取得了很好的教学效果。

一、新旧结合,巧妙导入

初中时学生学过毛泽东的《沁园春·雪》,为了引起学生学习兴趣,自然地导入新课,这样设计导语:"大家还记得我们初中时学过的《沁园春·雪》吗?我们齐声背诵一遍。"在学生背诵完毕后我介绍《沁园春·长沙》的地位:"《沁园春·雪》的作者是毛泽东。他是伟大的领袖,还是一位杰出的诗人,他一生写了许多诗词,而公开发表的却只有39首,以'沁园春'为词牌名的词也只有两首,初中我们学习了《沁园春·雪》,今天我们要学习的是《沁园春·长沙》。"这样,既把新旧知识巧妙地结合起来,又自然地导入新课,学生在明白了这首词的地位后对这首词的学习产生了兴趣。

二、目标合理,以读贯穿

诗词的教学多重视朗读,这和诗词的文学特点有关。我认为,朗读甚至背诵不仅是考试的内容,更重要的是成功的朗读能促进学生对诗歌的理解。我力图通过朗读这首词培养学生朗读的能力,使他们喜欢朗读。因此,我制定教学目标如下。

1. 培养有感情地朗读诗歌的能力。

2. 品味诗词富有表现力的语言,体会壮阔深远的意境。

3. 感受诗人的开阔胸襟和乐观精神,学习伟人心怀祖国的气魄。

这样,整个目标以朗读来贯穿。在朗读中,学生培养了能力,品味了语言;在朗读中,学生体会了诗中蕴含的思想感情。事实证明,目标的制定非常合理。

三、指导朗读,方法得当

在课堂上,尽量多地朗读。我采用了齐读、个别读、小组读等形式,并根据学生的实际情况,精心设计,指导学生朗读。

开始,让学生齐读课文。因为是第一次朗读,放低对学生的要求。要求:吐字清楚、读准字音、停顿恰当。齐读后,为了使学生准确把握感情,我播放《毛泽东在一九二五》中的一段录像,在学生听演员朗读这首词的同时找出自己朗读与之的差距。看了录像后,要求学生模仿录像中的朗读再读一遍,要读出气势。

朗读的重点我放在上阕,上阕由我指导朗读,而下阕由学生仿照上阕的分析方法自己分析并朗读。在多次朗读后,让学生尝试当堂背诵。

这样安排,由浅入深,要求渐高,符合学生的认识规律,学生一次次地进步,积极性很高。

以上阕为例,我是这样分析的。

(1)诗歌的朗读,要注意感情基调的把握,还要注意语速、语气、停顿和重读之处。

(2)这首词总的感情是乐观的、豪情满怀的。

(3)上阕的韵脚依次是"头、流、由、浮"押"ou"韵(毛泽东是湖南人,他读"浮"是"fóu"),"头""流""由""浮"这些字读时要清晰有力,要重读。

(4)具体来看。前3句是沉思的、缓慢的。——"独立寒秋,湘江北去,橘子洲头",语调是平的,可以用一条直线来代表。然后突然惊醒,"看"统领"万山红遍"至"万类霜天竞自由"一句,所以,"看"后要停顿,读出提示性语气。这些句子描写的是词人急切热心观察的事物,读时语速要快些。其中,"竞自由"是竞相比谁更自由,语调要更加激昂。这几句,可以用一条上划线来代表。"怅"是惆怅,感慨,又要舒缓一些。当词作者看到这一切景物,忍不住发问,要读出疑问的语气:"问苍茫大地,谁主沉浮?"可以用一个问号来代表。

我不仅结合上阕讲明白诗词朗读的一般规律,还用一些符号来代表,在讲解的过程中也用示范朗读来印证讲解,加深了学生印象。紧接着,让学生进行朗读比赛,再请其他学生评价他读的得失处。我把指导的重点放在上阕,上阕朗读得好,下阕也能较好地朗读就顺理成章了。

四、结合实际,引起共鸣

这首词写作的年代久远,学生很难完全理解毛泽东的豪迈感情。因此,我时时结合学生实际来讲解。当讲解背景时,我提道:"1911 年,18 岁的毛泽东来到了长沙,开始了他在此地长达 13 年之久的求学和革命斗争生活。在这 13 年间,毛泽东……"学生也正是十七八岁,对这样的讲解很感兴趣,对毛泽东在青年时期取得的成就由衷敬佩,因此对上阕写乐景、下阕抒豪情也就好理解了。学完下阕,我及时总结:"古往今来,多少诗人以诗言志,杜甫为劳苦大众喊出了'安得广厦千万间,大庇天下寒士俱欢颜',鲁迅先生有'我以我血荐轩辕',顾宪成有'家事国事天下事事事关心',周恩来年轻时有'为中华崛起而读书',同样,年轻的毛泽东在这首词中也表达了'以天下为己任'的主宰大地的雄心壮志,充满了伟大的人格力量。文学作品要有高度的语言艺术,还要有思想的光辉。毛主席的这首词就凭着这两点征服了读者,这对我们的语文学习应该有启发,同学们正处于青年时代,学习这首词对我们人生也应该有启迪。"结合学生实际来感受诗人的开阔胸襟和乐观精神,学习伟人心怀祖国的气魄,不再是简单的说教,而是通过引起学生共鸣,对学生进行了德育教育。

五、多媒体辅助,效果明显

整堂课,我采用了多媒体辅助教学。观看录像调动了学生学习兴趣,培养了学生感情。这首词生词较多,如下阕中就有"风华正茂""挥斥方遒""指点江山""激扬文字""粪土""万户侯"等,这些词的解释随着鼠标点击原文出现在屏幕上,节省学生书中找答案的时间,方便学生的理解,加深了学生印象。在串讲本词时多媒体更显示了优势。如讲解完上阕后，我提供了枫林、百舸、雄鹰的几幅图片供学生参考，请学生展开想象的翅膀，将上阕改写成散文的形式。在改写完上阕后我又设计用一个大大的问号将这几幅图片串联起来，并启发学生："毛泽东面对着这生机勃勃的秋景图，禁不住发问：自然界和社会的命运到底由谁来主宰？这个问题的答案，应该从哪儿寻找?"这样启发学生思考，自然地的导入到下阕的学习。学习下阕时，我提问，"忆往昔峥嵘岁月稠"，你能具体地说出"往昔"指的是哪段时光吗？学生一时回答不出来，我点击"往昔"一词，屏幕上又出现了背景简介中的人和事。学生很快说出"是 1911 年起毛主席在长沙求学的经历"。

六、布置作业，落实目标

作业共有以下三个。

1. 背诵这首词。

2. 写作训练：用散文化的语言改写上阕的"秋景图"。要求：情景交融；200字以上。

3. 收集整理写秋景的诗句，对比阅读。

第一个作业，紧扣住第一个教学目标，学生在有感情地朗读诗歌的基础上熟读成诵。第二个作业，紧扣住第二个教学目标，学生品味诗词富有表现力的语言，体会壮阔深远的意境，用散文化的语言改写。把课堂上的改写练习落实到书面上。第三个作业，紧扣住第三个教学目标，让学生收集整理写秋景的诗句，对比阅读。写秋景的句子多是伤秋、悲秋的，毛泽东却用"乐景"抒"乐情"，这是由于诗人有着开阔胸襟和乐观精神。学生收集整理名句，既丰富了知识，又通过对比阅读加深了对本词的理解。

诗词是浓缩的精华，讲诗词更难，我在教《沁园春·长沙》时注意到了以上几点，做了大胆尝试，取得了良好的教学效果。诗词是有魅力的，怎样使语文课堂教学也具有同样的魅力，应是教师孜孜以求的。

第二节 《再别康桥》教学设计

【教学目标】

1. 把握诗人的情感变化,品味诗歌意象,体会诗人对康桥的深深眷恋和依依惜别之情。

2. 通过诵读欣赏,感受诗歌意境美和音乐美。

3. 培养学生感受美、发现美、追求美的高尚情操,培养学生高尚的审美情趣。

【教学重难点】 品味诗歌意象,挖掘诗歌内涵。

【德育目标】 培养感受美、发现美、追求美的高尚情操,培养高尚的审美情趣。

【教学方法】 朗读法、小组合作探究法。

【课时安排】 一课时。

【教学过程】

一、走进康桥——康桥之美

(一)导入新课

(课前播放歌曲《再别康桥》)

1. 师:课前我们欣赏了一首优美的歌曲,歌曲的名字是什么? 这首歌的歌词取材于哪首著名的诗歌?

生回答后师补充:蔡琴的歌声很好地诠释了诗人徐志摩的离别情怀。著名作家吴伯箫说过,感人的歌声留给人的记忆是长远的。我想,感人的诗歌留给人的记忆是长远的。《再别康桥》就是这样一首诗歌,20 多年前,和同学们差不多的年纪,我第一次读到这首诗,从此就爱上了这首诗,记住了徐志摩这个文坛传奇。你了解徐志摩吗?

2. 作者及背景简介(同学先讲,老师补充)。

徐志摩(1896—1931),浙江海宁人。笔名云中鹤、南湖、诗哲。现代著名诗人,散文家,新月诗派的代表诗人,对新格律诗的发展功不可没。由于英年早逝,被称为"一颗倏然划破夜空的彗星"。

题目是《再别康桥》,你知道康桥是什么地方?(英国著名的剑桥大学所在地。)

师:我们都知道,感情越深,离别越难。为什么诗人对康桥恋恋不舍,他与康桥到底有着怎样的情分? 我们来了解徐志摩的康桥情结。

徐志摩曾三次到过康桥,其中最重要的一次是第一次。1920 年 10 月至 1922 年 8 月,诗人曾在剑桥大学留学。其间徐志摩邂逅了林徽因,度过了一段美好的留学时光。康桥时期是徐志摩一生的转折点。在 24 岁以前,他对于诗的兴味远不如对于相对论的兴味。正是康河的水,开启了诗人的性灵,唤醒了久蛰在他心中的诗人的生命。因此他后来曾满怀深情地说:"康桥的灵性全在一条河上;康河,我敢说是世界上最秀丽的一条水。我的眼睛是康桥教我睁的,我的求知欲是康桥给我拨动的,我的自我意识是康桥给我胚胎的。"1928 年诗人重游英国,在乘船归国途中,对康桥的眷恋,唤醒了久蛰在他心中的激情,于是便吟成了这首传世之作。

师:今天我们就一起走进康桥,跟随徐志摩泛舟寻梦,感受徐志摩笔下康桥之美,感悟离情之美,进而感受中国诗歌的意境之美。

(二)朗读,感知诗情

1. 教师配乐朗诵。

要求学生注意:①听准字音;②语气语调和节奏。

2. 解决生字。

3. 学生齐读,边读边思考文中描写了哪些美景。

(三)品读,品悟意象

1. 品读第 2~6 节。

教师提问学生回答:重回康桥,哪些美景深深吸引了徐志摩?

——河畔的金柳,软泥上的青荇,榆荫下的一潭清泉等。

2. 意象美。

金柳、青荇、清潭等,单从字面上,就给人明丽清新的感觉,这就是诗歌的意象美。

在诗歌中称为"意象","意"即作者的思想感情,"象"为具体的物象,融合了作者的思想感情的具体物象。

(四)赏读,意境之美

1. 赏读第2~4节。

思考:这三节诗运用了哪些修辞手法?(暗喻、拟人)

小组合作探究,全班分成三个小组,赏析第2~4节。每组一节,然后推举一名代表,就本组赏析结果设计有代表性的思考题,带领全班赏析这一节。

第2节:金柳。

思考:为何写柳树? 怎样写柳树?

明确:"留"谐音。暗喻,把金柳比做新娘。河畔的柳树为何是"金"色的? 因在夕阳中,夕阳照射下柳树变成了金色的。作者观察非常仔细,对康河的黄昏美景非常熟悉。新娘是少女最美丽的时候,写出夕阳下泛着金光的柳树的美丽美好,表达了对康桥自然之美的喜爱之情。

思考:金柳的艳影明明是在波光里荡漾,诗人为什么说"在我的心头荡漾"? 表达了诗人怎样的情感?

明确:"在我的心头荡漾",是说康桥已经在诗人的心里扎下了根,难以忘怀,表达了诗人对康桥喜爱之情。诗人曾说:"那四五月间最渐缓最艳丽的黄昏,那才真是寸寸黄金。在康河边上过一个黄昏是一服灵魂的补剂啊!"

第3节:青荇。

思考:"青荇在水底招摇"用了什么手法?

明确:拟人,表达了油油青草的多情可爱。"招摇"的意思本来是故意张大声势,引人注意。"招摇撞骗"中的"招摇"就是这个意思。这里的意思应该是"招手摇摆",仿佛在招手致意,写出了水草对诗人的欢迎态度,显得生动、形象。同学们可以想象下,这是怎样一幅美景啊!

思考:大家再看下一句:"在康河的柔波里,我甘心作一条水草。"这里的青荇,只是再普通不过的水草,为什么徐志摩却愿意做这样的一条水草?

明确:康河的流水、水草在作者眼中所呈现的那份安闲、自在,正是诗人心向往之的境界。希望自己悠然躺在母校的怀抱里,尽情享受母校纯情似水的抚慰。

第 4 节:清潭。

思考:运用了什么修辞方法?

明确:比喻,把清泉比成虹,比作彩虹似的梦。这一潭泉水就是拜伦潭。那里榆荫蔽日,非常清凉,诗人留学期间常去那里读书、乘凉、遐思。

思考:为什么说是彩虹似的梦? 徐志摩的梦是什么呢?

明确:旧日康桥的生活、学习是徐志摩心底的一个梦,在康桥与林徽因的爱情也是梦的一部分。对梦的眷恋就是对康桥的眷恋。美好的梦容易破碎,而彩虹虽然美丽,却也容易消逝,所以说是彩虹似的梦。

第 2~4 节朗读指导:感情基调,眷恋热爱;语气语调,深情舒缓,带有淡淡的喜悦。指名学生朗读。

2. 赏读第 5、6 节。

思考:哪一节是写实,哪一节是想象?

第 5 节作者用了哪些意象,想象了什么样的情景? 诗人自己撑着长篙,泛舟去寻找那"彩虹"似的梦。在星辉斑斓里放歌。为什么故地重游,他会想象这是过去留学生活的真实写照,回忆起快乐往事,他的情绪是(兴奋)的,朗读时(语调欢快)齐读。

思考:这两节的感情相同吗? 但是诗人放歌了吗? 为什么不能放歌呢?

明确:第 6 节诗人由幻想回到现实,情绪变得低落,于是不能"放歌",连夏虫也体会到离别之情,保持沉默。无法化解的离愁别绪,将诗人沉思默想的心境推到极致。因此这一节要读得稍微缓慢深沉。

指名学生朗读。

小结:第 2~6 节,通过诗人在康河里泛舟寻梦,描写了康河的美丽与宁静,抒发了自己对康河的依恋和柔情。

(五)感悟离情——离情之美

1. 品味第 1 节和第 7 节。

思考:第 1 节和最后一节。这两节都是直接抒发诗人感情的。作者再来康桥再别康桥,来去都有什么特点?

明确:轻轻地、悄悄地

思考:为什么"轻轻的"来,"轻轻的"走,连告别也是"轻轻的"?

明确:连用三个"轻轻的",突出地表现了自己对康河的爱和依依惜别的情感。使我们体会到诗人对康桥的感情之浓烈。即使"作别"一刻还要把这种宁静之美藏于内心,不忍打破康桥的宁静。最后一节,与开头照应。诗人是那样舍不得离去,却"不带走一片云彩",不愿惊动心爱的康桥,不舍得让康河与他一同伤感。这种回环往复更加体现出诗人的深情。

2. 朗读第 1 节和第 7 节。

(1)男生齐读第 1 节,女生齐读最后一节。读出深情之感,读出宁静之美。

(2)教师补充:读这首诗歌,让我们再一次感受到了徐志摩诗歌的独特的魅力。多情自古伤离别,离别是一种伤感,一种沉重。比如,相见时难别亦难,(东风无力百花残)。劝君更尽一杯酒,(西出阳关无故人)。留恋处,兰舟催发,(执手相看泪眼,竟无语凝噎)。(学生填空)

这些诗歌的相同之处是:离别情绪感伤沉重。而该诗淡化了对离别之情的宣泄,着重于对康桥美丽自然景色的描绘,景中含情,融情于景,在情景交融的意境中,诗人的离别之情表现得更深更美,更自然。

(3)学生再次朗读。

(六)小结全诗

全诗以离别康桥时的感情起伏为线索,抒发了对康桥依依惜别的深情。在诗中,诗人将自己对康桥的深情,浓缩在凝练的诗句中,融化到一个个可以画得出的画面中。

让我们倾听名家范读,让这一幅幅康桥美景画面在我们心中——闪现。

二、亲近诗歌——诗歌之美

1. 教师引导:走进康桥,我们发现了康桥的美,领略到秀丽宁静的康河风光,而最美的是诗人对康河的依恋和深情。走出康桥,我们来看看诗歌的美。诗歌美在哪里? 诗歌之美,美在意象,美在意境(借助美的意象营造美的意境。全诗都笼罩在优美的意境之中),美在音乐(全诗和谐的韵脚;双声叠韵词的运用;句式上的回环复沓回荡着一种深沉的舒缓悠扬的旋律)。

同样是离别,为什么有的人说出来不美,而诗人表达的忧伤却很美? ——因为诗人借助了诗歌这一载体。正是因为运用了意象,构成意境,借助于动人的韵律,所以连忧伤都可以是美丽动人的。这就是诗歌的魅力。

2. 学生齐读。

3. 尝试背诵。

三、拓展阅读——《偶然》

1. 学生齐读。

2. 教师:人生必然会有这样一些"偶然"的"相逢"和"交会",而这"交会时互放的光亮",必将成为永难忘怀的记忆而常伴人生。徐志摩先生已经离开了我们,但是他的诗歌将永存于人们的心中。希望同学们也能记住我们这节课中擦出的思维火花,也能记住徐志摩,并爱上诗歌。

四、布置作业(任选一题完成)

1. 发挥想象,把《雨巷》改编成一篇散文或者小说。

2. 选择一首自己喜欢的诗歌,配乐朗诵并录制下来,全班交流。

【板书设计】

再别康桥

徐志摩

金柳——爱恋

水草——陶醉

彩虹——梦想

放歌——执着

沉默——惆怅

第三节 《致橡树》教学设计

【教学目标】

1. 诵读品味诗歌,理解诗人的爱情观。

2. 感知诗中意象,感悟诗歌意境。

3. 培养独立人格,树立正确的爱情观。

【教学重点】感悟独立平等、互相依存的爱情观。

【教学难点】体会诗歌物中含情、意味隽永的特色。

【教学方法】"三入式"文本阅读教学法。

【课时安排】一课时。

【教学过程】

一、情境导入

(播放苏芮演唱的《牵手》)

师:大家一定被这首歌感动了,是啊,牵了你的手,今生就要一起走。从这首歌中我们感受到了"执子之手,与子偕老"的那份坚贞执着的爱情。爱情也是文学作品中一个永恒的话题,古往今来,多少文人墨客都极尽才情歌颂它的美好,表达自己的爱情观。从"在天愿作比翼鸟,在地愿为连理枝"中我们感受到了相依相存的爱情,从罗密欧与朱丽叶的故事中我们读到了浪漫凄美的爱情,今天我们一起来聆听一位新时代女性、当代朦胧派女诗人舒婷的爱情宣言《致橡树》。(出示教学目标)

二、文本深入

(一)作家作品简介

1. 作者简介:舒婷,原名龚佩瑜,福建人。中国作协会员,福建作协理事。

《双桅船》荣获第一届全国优秀诗集一等奖。代表作有《舒婷顾城抒情诗选》《会唱歌的鸢尾花》和散文集《心烟》等。

2. 写作背景:写于 1977 年,无产阶级"文化大革命"结束,中国开始反思"文革"期间人性的扭曲以及人格的不平等这种社会现象。

(二)初读感知

1. 齐读。要求:读准字音;理清感情脉络,看作者从哪几个方面抒发感情;把握诗歌的节奏和韵律。

2. 解题:《致橡树》这首诗,"致"的意思就是"给予",向对方表示一种礼节或者一种情谊。

思考:致橡树的一方是谁? 也就是诗中是谁向橡树表达一种内心的情意? (木棉)木棉是一种什么样的树? (生读课下注释)

补充:舒婷是哪个地方的人? (福建)所以舒婷生活当中可以到处见到木棉和橡树。木棉也叫英雄树、攀枝花,是广州市的市花。木棉花一般是阳春三月陆续开放,木棉是一种比较平凡的观赏树木,它的生长速度特别快,只要它的旁边有棵树,它就要长得比别的树高,可谓是风姿挺拔,但是木棉从来不是势压群芳,也从来没有遮天蔽日,而是和其他树木一起共享阳光雨露,彼此欣欣向荣。所以木棉这种出类拔萃的气质,引得古往今来许多诗人和词人的赞美。(出示课件:诗歌两首)像这一首宋代杨万里的诗歌,就是来赞美木棉:"却是南中春色别,满城都是木棉花。"用来说明木棉旺盛的生命力。曾任过广州市市长的朱光真,也写过一首词《望江南》来赞美木棉到处生根、到处开花的特点,给人们带来美的享受。

3. 整体感知:在舒婷的诗中,木棉要向橡树表达什么情意呢? 请同学们齐读诗歌。

提问:木棉向橡树表达自己的情意,是从哪几个方面来表达的? (作者采用了比喻的修辞手法。整首诗歌可以分成两个部分,第一部分从开头到"只有这些还不够",后面是第二部分。第一部分诗人用了几个比喻否定了庸俗的爱情观,第二部分是诗人表达自己的爱情观。)

(三)再读感悟

想一想:第一部分连续用了几个比喻? 反反复复出现最多的是哪个副词?

　　生答后明确:用了六个比喻。第一个是攀援的凌霄花,第二个是痴情的鸟,第三个是源泉,第四个是险峰,第五个是日光,第六个是春雨。

　　教师补充:请划出六个喻体,凌霄花、鸟、源泉、险峰、日光、春雨。这六个比喻句中的喻体,在诗歌中称为"意象"。

　　(出示知识链接一)所谓"意象","意"即作者的思想感情,"象"即具体的物象。"意象"即为作者思想感情与具体物象之融合。简单地说就是:意象=物+情。就是写入作品中的物与情结合而形成的意境。

　　提问:凌霄花有什么特点,诗中哪一个词能说明凌霄花的特点?(攀援,借他人往上爬,攀附着他物往上爬。)

　　提问:诗人用凌霄花来比喻在婚姻关系中什么样的女性?(依靠丈夫生活的女性,凌霄花是这样的爱情观。)

　　提问:笼中的金丝鸟儿是怎样的爱情观?(课文中的语言,只能"为绿荫重复单调的歌曲",没有自己的生活,更没有自己的事业,她所做的是取悦于对方,单方依恋对方。)

　　提问:源泉、险峰、日光、春雨这四种形象有什么共同特点?(对人无所求)如果这种生活态度放在婚姻关系中,会是什么结果?(牺牲自我、盲目奉献)

　　提问:这一段里多次出现一个什么副词?(不)"不"字反复出现六次,我们可以明显地看出舒婷对这几种爱情观是肯定还是否定?(否定,这些都是庸俗的爱情观。)在庸俗的爱情观婚姻中,男女双方的关系是怎样的?(不平等的,以男人为中心的。)要在现实生活中彻底消除中国几千年的婚姻传统,需要我们每个人的努力,所以请同学们在朗诵第一部分时语气要坚定一些,节奏要舒缓一些。(齐读第一部分)

　　(四)三读品味

　　议一议:第二部分诗的中心句是哪一句?(最后一句,"我必须是你近旁的一株木棉,作为树的形象和你站在一起"。)

　　提问:为什么说你是树,我也必须是树?(题目是致橡树,木棉也是树。)

　　师述:我们是平等的两棵树,我们有各自独立的人格,在这里作者要昭示的是哪两个字?(平等)作者昭示平等的含义,为的是突出什么?(突出舒婷自己爱情观的核心,需要独立的人格。独立的人格是事业成功的基础,在以后的人生道路上,我们一定要培育自己独立的人格,要有健康的心理素质,度过人生的每一个关口。)

提问:作者的爱情观除此之外还有什么? 全班分三组讨论,推举一名同学诵读。

第一组:"根紧握在地下……言语",用词语归纳一下作者在这几句诗中所表达出来的爱情观是什么?(心心相印、心有灵犀一点通)

第二组:"你有你的铜枝铁叶……火炬",用词语形容一下这几句诗里面所包含的深刻含义是什么?(人格独立、相互依存)

思考:诗人把"红硕的花朵"比喻成"沉重的叹息"和"英勇的火炬",这两个喻体是否矛盾?

提示:鲁迅先生在《纪念刘和珍君》中曾写道:中国女子的勇毅,虽遭阴谋诡计,压抑至数千年,而终于没有消亡。由鲁迅先生对旧中国妇女的评价,我们可以联想到舒婷作为现代女性的代言人,她认为,现代女性的成长经历了一个什么过程?(由迷惘到觉醒到追求的过程)诗歌在此运用了博喻,"沉重的叹息"和"英勇的火炬"写出了一个连续的心理活动,前者是说现代女性在遭遇艰难困苦时的迷惘感,后者是说尽管在生活的道路上常会有坎坷波折,但现代女性坚贞坚韧的品格,会使她们愈挫愈勇,短暂的迷惘过后必将是更英勇的奋斗更有力的奋进。

第三组:"我们分担寒潮……虹霓"用词语概括作者的爱情观(同甘共苦、忠贞不渝)

最后,诗人以点睛之笔写道,让我们齐读"仿佛……"

师:这是诗歌的升华,诗人认为爱对方不仅要爱对方的人品、事业、成就,两人之间,应该还有共同的理想和情趣,要有各自独立的人格。(齐读第二部分,读出自信,读出追求。)

当然,在现实生活中,木棉对橡树是不会表达情感的,因此诗歌运用了什么样的表现手法?(象征,知识链接二:象征手法就是用具体的事物来表现某种特殊的意义,如《海燕》《白杨礼赞》。)木棉象征着所有维护自身尊严,追求平等独立,向往理想爱情的新时代女性;橡树就是诗人想象中的恋人,舒婷用象征的手法,通过内心独白来表达自己的爱情宣言、人格宣言。

三、生活引入

你理想的爱情是什么样的？

四、布置作业

1. 背诵这首诗。

2. 用象征手法写一首诗。

【板书设计】

致橡树

舒婷

相互依存　　心心相印

同甘共苦　　平等独立

第四节　《我愿意是急流》教学设计

【教学目标】

1. 诵读诗歌，领悟诗意、诗情、诗美。

2. 仿写诗歌，提高诗歌品鉴能力。

3. 反思诗歌，树立正确的爱情观。

【教学重点】 领悟诗意、诗情、诗美。

【教学难点】 树立正确的爱情观。

【教学方法】 "三入式"文本阅读教学法、小组合作学习法。

【教学手段】 多媒体辅助教学。

【课时安排】 一课时。

【教学过程】

一、情境导入

1. 欣赏经典名句。

衣带渐宽终不悔，为伊消得人憔悴。

关关雎鸠，在河之洲，窈窕淑女，君子好逑。

曾经沧海难为水，除却巫山不是云。

身无彩凤双飞翼，心有灵犀一点通。

两情若是久长时，又岂在朝朝暮暮！

死生契阔，与子成说，执子之手，与子偕老。

生命诚可贵，爱情价更高。

我愿意是急流，山里的小河，在崎岖的路上岩石上经过。

师：这些经典诗句都涉及一个共同的话题——

生：爱情。

师：爱情一直是古今中外人们传唱不衰、历久弥新的话题，无数经典之作因为爱情而产生。今天我们就来走进匈牙利诗人裴多菲的爱情世界，学习一首关于爱情的诗歌《我愿意是急流》。

（板书课题、作者）

2. 介绍作者。

鲁迅曾盛赞裴多菲，是"最伟大的抒情诗人，匈牙利的爱国者"。

裴多菲被誉为抒情诗之王，他为我们留下了 1000 多首抒情诗，8 部叙事长诗。但是他 26 时岁为保卫祖国献出了年轻的生命。用生命的琴弦弹奏出了"若为自由故，二者皆可抛"的高音。今天我们要学的这首诗《我愿意是急流》就是他非常著名的一首抒情诗。

3. 出示教学目标。

二、文本深入

(一)朗读——感知诗意

师：学习诗歌要学会读，细细品味欣赏，继而把握诗歌的内涵。我们首先来朗读诗歌,要求同学们读准字音、读懂诗意。通过朗读,大家告诉我,从内容上来说,这是一首什么诗?

生:爱情诗。

师:是的,23岁的裴多菲在舞会上结识了美丽聪慧的尤利娅,在半年的时间内他写出了一首又一首的情诗,向尤利娅表达爱慕之情,《我愿意是急流》就是其中最经典的一首。

师:但是作者有没有直接地大声呼喊"我爱你"呢?

生:没有。

师:他是怎样表达自己的爱慕之情的呢?

生:在题目中,他说了他"愿意是急流",他要让"急流"做他的代言人,来表达他的感情。

师:在诗歌中,渗透着作者思想感情的具体物象就是意象。比如王维的《相思》写道:"红豆生南国,春来发几枝,愿君多采撷,此物最相思。"寄予作者相思之情的红豆就是意象。那么裴多菲是怎样让意象发声,表达自己的爱情主张的呢?下面我们就来仔细的品读诗歌,领悟诗情——这也是本课学习的重点。

(二)品读——领悟诗情

1. 赏析第一小节。

(1)教师配乐诵读,学生找出这节诗中意象。

明确:急流、小鱼,急流就是——自己(学生答),小鱼就是——爱人(学生答)。

(2)想象描绘画面。

师:但是作者又给急流和小鱼设定了一些限制,这是一条怎样的急流?来自哪里?(山里)说明什么?(急流"路途漫长,蜿蜒曲折")经过了怎样的路况?("崎岖的")说明了什么?(急流"备受折磨")但是我甘愿做这样的急流,原因是只要小鱼怎样?(快乐,游来游去)这是怎样的一幅场景啊!

下面同学们就发挥你的想象力,描述一下这一节诗歌令你能想象到的画面。并且说说,你感觉诗人对爱人的情感是怎样的?

学生想象、交流。

(3)小结并感悟情感:诗人难以遏制的激情之流,他不怕山路崎岖,只愿爱人做这浪花中快乐的小鱼,爱人的快乐就是他的快乐,是对他流过崎岖岩石的最丰美的回馈,爱使他甘于奉献,乐于受苦。

(4)朗读。

读出精神和心声,前半部分激情一点,速度稍微快一点;后半部分舒缓浪漫些,重音落在中心词、修饰词语上。

指名学生朗读后评价。

齐读:把握好节奏,注意重音,用我们的声音来表达诗人的深情。

2.赏析第2~5节。

第1节诗歌用寻找意象—描绘画面—领悟诗情—诵读诗歌四种方法进行层进式的学习,按照赏析第1小节的方法,小组合作赏析第2~5节。每组选出三名代表,一名学生分析,一名同学标注停顿重音,一名学生诵读。

第2节诗歌。

意象:荒林、小鸟。

荒林不仅伫立在河流的两岸,环境恶劣,而且要与狂风"勇敢的作战",时刻受着"狂风"的打击,充满着危险,但,正是有了荒林的庇护,小鸟才能在树枝间安全地筑巢,幸福地鸣叫。只要能给小鸟带来幸福,自己甘愿奉献。

教师小结:荒林用自己的身躯为小鸟遮蔽起一个安全舒适的空间。爱的力量足以使他镇定地应付一切挑战。

朗读:要读出为了爱人与狂风作战的气势。

第3节诗歌。

意象:废墟、常春藤。

只要爱人的生命之藤常青,诗人心甘情愿毁灭自己。就像歌词里唱的"你是幸福的我就是快乐的,为你付出得再多我也值得"。

朗读:为爱人牺牲的欣慰和快乐。

第4节诗歌。

意象:草屋、火焰。

谷底寂寞孤独的草屋饱受风雨的打击,那寂寞暗淡的环境令人窒息,而温柔火红的小火炉,那么热烈,那么温暖,那么可爱,那么活跃。俄国一位戏剧家很好地诠释了这一境界:我宁愿为我们所爱的人幸福,千百次地牺牲自己的幸福。

第 5 节诗歌。

意象:云朵、灰色的破旗、夕阳。

云朵居无定所、漂泊荒凉,灰色的破旗无精打采,"衣带渐宽终不悔,为伊消得人憔悴",只要能衬托出夕阳的绚烂美丽,诗人甘做绿叶。

3. 小结。

请将 5 个小节中对应的 5 组意象对应串联起来看:我是历经艰辛的急流,只愿能成为爱人的生命之源,能让她快乐无忧;我勇敢作战,只愿能为爱人营造温馨家园,让她安宁生活;我饱受风雨打击,只愿爱人能有坚实依靠,生命长青;我走向荒凉毁灭,只愿能为爱人遮风挡雨。

师:这一系列的 2 组意象运用了什么写法?

生:对比鲜明,无论我是什么,何时何地,我都愿意为心爱的人奉献出一切,牺牲一切。

师:诗人这样真诚与呵护,有哪一位女子能不为之所感动呢?尤利娅感动于作者的深情,震撼于爱情的忠贞,也深深地爱上了这位才华横溢的诗人,3 个月后就和诗人携手走进了婚姻的殿堂。

(三)诵读,意会诗美

1. 重章迭唱:全诗 5 个章节,每一节都是以"我愿意是……"为开头,"只要我的爱人是……"为转折,整齐而富有韵律,诗人甘愿奉献的炽热情感在回环反复中,得到不断的强化和升华。

2. 仿写句子,选择美的意象,表达美的情感。

教师小结:我想,请大家多多写诗吧,也许几年后,中国诗坛上活跃着的下一位大诗人就是你!

3. 配乐诵读诗歌,再次感受诗歌魅力。

三、生活引入

1. 师:余音袅袅,不绝于耳。在裴多菲反复的吟唱和巧妙的比喻里,我们赞叹了一段"直教人生死相许"的爱情佳话。历史上也有许多感人的爱情故事,比如居里夫妇二人因为共同的科学理想走在了一起,生活彼此扶持,事业共同奋斗,志同道合,其爱弥笃。"寻寻觅觅,冷冷清清,凄凄惨惨戚戚",写出了在赵明诚不幸英年早逝后,李清照遭遇深创剧痛后的愁苦之情。李清照为赵明诚的著作《金石录》写了后序,今天读这篇后序,仍然会被他们夫妇的恩爱所感动。电影《夏洛特烦恼》打动了万千观众,故事中的女主人公马冬梅为了爱无怨无悔地付出,男主人公夏洛南柯一梦后才终于醒悟,明白了自己的真爱究竟是谁。裴多菲也说过"我是一个为真,连美都可以牺牲的人",至真至善、携手相依、无私奉献的爱情才是真爱。

同学们,你们心仪怎样的爱情? 请以一个事例或者诗歌来说明。

学生交流。

教师总结:感谢裴多菲的《我愿意是急流》,让我们就能感受到爱情的神圣和高贵。很高兴同学们赞成裴多菲这种高尚真诚纯洁的爱情观。两句话送给大家:爱是无条件的,秉持真爱的心灵,是不计功利,不讲条件的;爱是不软弱的,真正的爱不惧怕任何的艰难困苦、风霜雨雪。

四、布置作业

1. 基础题(必做):改编诗歌成散文,注意语言和修辞。

2. 拓展题(选做):比较阅读《我愿意是急流》和舒婷的《致橡树》,从角度、意象和主题等方面分析两者的不同。

【板书设计】

我愿意是急流

裴多菲

奉献

我 ——→ 爱人

对比

第五节 《行路难》说课稿

大家好！今天我说课的题目是《行路难》，现就教学理念、教材分析、教学方法、教学过程以及板书设计几方面加以说明。

【教学理念】

根据中职语文教学大纲"通过对文学作品的阅读，提高学生的语文素养，并在阅读赏析过程中逐步理解作品的人文内涵"这一要求，加之新课程目标中又特别强调了语文教学工具性与人文性的高度统一这一原则，这就要求教师课堂教学的组织必须重视学生的参与性，突出学生的主体地位。教学文本的多元化解读和个性化阅读也日益凸显出重要地位。

【教材分析和教法】

《行路难》是"人教版山东省编中等职业教育规划教材"第一册第五单元的第二篇课文。教材把《行路难》列为讲读课文，大有深意。该诗出现于李白政治上失意，内心极度苦闷的时期。而政治上的失意恰恰使他创作上更臻成熟。《行路难》共三首，比较集中表现了李白的悲愤与苦闷，表现了他的追求与幻灭，代表了他浪漫主义的特点。《行路难》（其一）可以代表李白诗歌的主题。

"愤怒出诗人"，因此，通过诵读和点拨引导学生领会鉴赏诗歌的基本方法，感受唐诗的魅力就成为课程的主要任务。

【教学目标和重难点】

1. 知识和能力：通过反复诵读和品味语言，把握诗人的情感脉络，理解诗人复杂矛盾的思想感情。

2. 过程和方法："三入式"文本阅读教学法。

3. 情感态度价值观：培养热爱唐诗文化的情感，体会盛唐精神。

教学重点：通过反复诵读品味把握诗人的情感脉络。

教学难点：通过合作探究体会诗人复杂矛盾的思想。

教学时数：拟用一课时。

【学情学法】

许多老师都有这种体会，职业学校的学生往往很难将学习的注意力集中到书本上，尤其是古典诗歌，很少能去亲近她，了解她，欣赏她。部分学生宁可在网络与游戏中忘乎所以，也不愿与古圣先贤同喜同悲，这既是语文教学的矛盾，也是我们每每遭逢的尴尬所在。

因此，本课以“读”为核心，通过反复诵读品味，激发学生诵读古诗的兴趣。同时，以一个有梯度的问题为抓手，采用合作探究的方法充分发挥学生的积极性和主动性，让他们去探索诗的艺术魅力，进入诗的艺术境界，品味诗的丰富情感，最终能达到教师轻松教、学生愉快学的目的。

【教学过程】

一、情境导入

著名作家、诗人余光中曾经这样描绘一个诗人：“酒入豪肠，七分酿成了月光，余下的三分啸成剑气，绣口一吐，就半个盛唐。”他就是一代诗仙——李白。

李白是继屈原之后异峰突起的浪漫主义诗人。是站在唐诗这座文学顶峰上的巨人。今天就让我们走进李白的内心世界，感受一个真正的李白。

二、文本深入

（一）走近李白

在课前发放关于李白的学案材料的基础上，师生共同总结李白一生的主要经历。

仗剑去国、辞亲远游—初入长安、无功而返—奉诏入京、供奉翰林—奸佞当道、赐金而返—与友畅饮、作《行路难》

这首诗写于天宝初年，诗人入长安而不断遭到权贵排挤谗谄的时候。诗中虽因理想不得实现而悲愤万端，但仍未失去进取的信心，全诗的思路紧紧围绕主观和客观、理想与现实的矛盾迅速展开，揭示了诗人感情的激荡起伏、复杂变化。

【诗作往往是作者经历、感情的外化。知人论世是鉴赏诗歌最基本的方法，

也是学生理解诗歌的基础。】

(二)赏读品味

李白是诗仙,更是酒仙,《行路难》就是李白用灵魂酿造的一坛"千年古酿","酒是陈的香",让我们来品一品这坛窖藏了一千多年的美酒,到底是个什么滋味。

1. 朗读感知——把握基调。

通过学生大声朗读,完成句子:

我读出了一个_____的李白。

【要求读准确、读流畅。引导学生勾画表示数量的百、千、万等重点词语,体会夸张的手法,感受李白的豪放之情。】

2. 听读欣赏——体味情感。

播放名家的朗诵视频,通过勾画表达感情的词语让学生再次感受诗歌。

完成句子:

我听出了一个_____的李白。

【在静静的听读中体会李白的悲愤之情和暗藏的忧愁。要求学生跟读,划出相应的重音和停顿,注意抑扬顿挫,轻重缓急。】

3. 品读揣摩——理解李白。

这是这节课的重点,也是难点,我采用小组合作探究的方式来突破,将李白饮酒的过程分为三个阶段分别探究。

第一阶段(前 4 句),提问学生思考:李白既是好酒之人,为什么面对一斗十千的"金樽清酒",却"停杯投箸不能食"呢?

前两句特别渲染了酒宴的美盛:器皿是华贵的,金制的杯,玉制的盘,酒是珍美的,斗酒十千,盘菜万钱。如此美酒佳肴,却不能下咽,后两句从反面起兴,以此烘托诗人内心若有所失的茫然,亦见出愁愤之深。

引导学生抓住"停杯""投箸""拔剑""四顾""心茫然"等关键词语,结合李白的人生遭际体味他的愁愤之情。

听教师范读,学生试读,揣摩语气,讨论后再读,读出"愁"和"愤"。

第二阶段(中间的 4 句),通过引导学生揣摩关键语句体味诗人的感情,对"行路难"中的"路"应如何理解?诗中哪两句是直接写"行路难"的?运用了什么修辞方法?有什么象征意义?作者在诗中运用两个典故的用意何在?

理解李白的希望与失望,抑郁与追求急剧交替变化。

教师范读,学生试读,揣摩语气,讨论后再读,读出对现实的无奈与对未来的憧憬。

第三阶段(后4句),通过讨论问题品味诗人的感情。"行路难,行路难,多歧路,今安在?"表达了诗人怎样的复杂心理?"长风破浪会有时,直挂云帆济沧海"又表达了诗人怎样的志向?

教师范读,学生试读,揣摩语气,讨论后再读,读出愤激和困惑,更要读出自信和豪放。并用宋代评论家严羽的评论指导朗读:别人写诗是用笔写,李白的诗则是将胸中那股子气"喷"出来就是了。

在此基础上剥茧抽丝,通过小组讨论引导学生理出感情线索:整首诗思维是跳跃的,思想是矛盾的,情感是起伏变化的,可以说是一股感情奔泻的激流,随着复杂矛盾的感情的推移,自然地形成诗的波澜起伏。愤懑的激动,苦闷的彷徨,昂扬的乐观,交替而出,转折振荡,撼人心魂,表现了诗人歌行体诗的特色。

【本环节通过品味语言,揣摩诵读的语气,慢慢体会到诗人的复杂情感,引导学生把握了重点、突破了难点。】

4. 深入研读——体会矛盾。

讨论问题:诗人一面畅想"闲来垂钓碧溪上",一面又说"长风破浪会有时",你认为这样说矛盾吗? 哪一句才是李白真正的人生宣言?

我品出了一个_____的李白。

在学生讨论发言的基础上,教师表达自己的观点:人本身就是矛盾的统一体,用伊尹和姜子牙的典故来帮助学生理解李白,李白一生一直在儒与道、仕与隐的矛盾中挣扎。

【教育者所做的,不过是推开窗子,让思想的阳光照射进来,然后我们听到冰雪融化的声音。本环节意在引发学生思考并组织讨论和辩论,将对诗人情感的理解引向深入。】

(三)诵读展示

通过接力读、分组读、齐读等多种形式的诵读展示学生本节课的学习效果。

完成句子:我悟出了一个_____的李白。

【每个学生都有表现的欲望,教师应为学生提供表现的舞台,并打消其顾虑,使学生自由大胆地诵读诗歌,诵出自己的独特感悟。诵读时要做到眼前有形象、心中有情感、口中有起伏。】

《行路难》中字字含有酒香,李白说的这一番"酒话"醉了唐人,醉了今人,还要醉倒后人。李白的精神感染了一代又一代知识分子,如洒脱豪放的苏东坡,终生报国的辛弃疾等等。让我们在歌曲《贞观长歌》中感受唐诗的魅力,寻找李白的身影,感受让人神往的盛唐精神,增强学生热爱祖国文化的意识。

三、生活引入

思考:如果你人生中遇到了挫折,将怎么做?

四、布置作业

作业设计体现分层次教学的理念。

1. 有感情地背诵《行路难》。(面向全体学生,巩固、落实知识能力目标。)

2. 上网搜集李白关于酒的诗歌,以小组为单位交流品评。(面向对李白感兴趣的学生,体现"大语文观"。)

3. 运用本节课所学的方法,鉴赏《月下独酌》,体会李白的思想感情。(面向学有余力,可以深入品味诗歌的学生。)

五、设计理念

本课的设计就是要让学生真正体会品读古诗的乐趣,从而喜欢李白,喜欢唐诗,喜欢中国文化。我们的语文课堂应伴随着心灵的感悟和传统的复苏,遵循感觉、感知、感悟的诗歌认识规律。诗歌是一条情感的河流,教学的艺术,不在于使学生知道了什么,而在于引导学生感悟了什么。通过反复诵读披文以入情,让学生蹚进诗人情感的河流,使学生真正懂得诗歌、热爱诗歌。

第六节　《水调歌头·游泳》说课稿

大家好！今天我说课的题目是《水调歌头·游泳》，现就教材分析、教学方法、教学过程以及板书设计几方面加以说明。

【教学理念】

学生是主体，是语文活动的主要成员之一，充分发挥学生的主动性和能动性，让学生作为学习的主人，对于语文学习很重要，这与新课改的要求是符合的，也符合"合作学习，乐于探究，适当拓展"的教学理念。采用小组合作学习和探究式学习，可以调动学生学习语文的积极性，寓教于乐。

【教材分析】

这首词是收录在省编教材第一册第二单元第一课毛泽东诗词二首中的一篇。单元话题是"编织多彩的梦想"。青春是一段燃情的岁月，梦想是年轻人的专利。俗话说：少年不立志，老大难作为。通过学习该诗词，引导学生感受诗词豪放之美，学习伟人不畏困难、乐观自信的精神，为自己崇高的理想而努力奋斗。

【学情分析】

高一学生，有自己独立的见解，有朦胧的情感体验，乐于展现自我，但主动学习能力差。因此我在授课中注重激发学生的学习兴趣，提高学生的语文应用能力、语文审美能力和语文探究能力，帮助学生轻松掌握知识，为终生学习打下良好的基础。

基于教材特点和学生情况，拟定教学目标如下。

1. 掌握诗词的思想内容，品味作者的壮志豪情，学习诗词情景交融、联想与想象、运用典故等方法。

2. 培养学生鉴赏诗歌的能力，提高学生的朗读水平。

3. 学习伟人不畏困难乐观自信的精神，树立理想，为理想而努力。

教学重点：体会作者情景交融的写法，品味作者的壮志豪情。

教学难点：学习诗词情景交融、联想与想象、运用典故等方法。

突破途径——以反复诵读深化个性体验,以讨论探究拓展思维深度。

课时安排:一课时。

教学手段:多媒体辅助教学。

教法学法:"三入式"文本阅读教学法(情境导入,文本深入,生活引入),朗读法,小组合作探究法。

【教学过程】

一、情境导入

1. 我们先来看一首小诗:

孩儿立志出乡关,学不成名誓不还。

埋骨何须桑梓地,人生无处不青山。

这首诗是谁写的?(毛泽东)

这是毛泽东17岁离开家乡,临行前给他父亲留下的一首诗,名人少年多立志,这首诗给我们一种感觉:万里江山我为主。这种立志扭转乾坤的雄心壮志,可以说贯穿了毛泽东的一生,他在任何紧要的历史关头都能坦然面对一切,指点江山,笑对风雨。就连他的爱好也是这种精神的具体体现。毛泽东喜欢游泳,几次横渡长江,虽然风高浪急,但在毛泽东眼里,却是"长江横渡只等闲"。今天,我们就来学习他的一首有关游泳的词《水调歌头·游泳》,来体味其不畏艰险,激流勇进的革命乐观主义情怀。

2. 背景介绍:1956年6月1日,毛泽东从武昌乘兴畅游,游到汉口。6月3日,意犹未尽,又从汉阳游到武昌。当日,即兴挥毫写下脍炙人口的名篇《水调歌头·游泳》。6月4日,"不管风吹浪打,胜似闲庭信步",又从汉阳游到武昌。

3. 生字注音。

二、文本深入

(一)诵读诗歌,整体感知

1. 教师配乐范读,学生听读。思考:这是一首什么风格的诗词?

——豪放

2. 学生齐读诗歌,要求:读出豪情、读准字音、把握停顿。

(设计目的:学生整体感知诗歌内容,了解到这是一首风格豪放的诗歌,提高朗诵能力。)

(二)赏读诗歌,深入探究

1. 赏读上阕。

齐读上阕,师生共同赏析。

(1)"才饮长沙水,又食武昌鱼",写作者的行踪。

提问:为什么不说"才留长沙步,又到武昌行"? 为什么不说"才饮长沙酒,又食武昌豆"?

明确:巧妙地创造性地活用了两个典故。诗要用形象思维,不宜直说,诗又要合乎逻辑的思路,题目是游泳,就要与"水"有关,因此"长沙水""武昌鱼"均入诗中。作者当年视察大江南北,兴致很高,行迹匆匆,"才""又"两个副词说明了时间短暂、行程紧促,这种乐观开朗的心境是全词之主调。

(2)"万里长江横渡……今日得宽馀",正面描绘作者畅游长江时的感受。

提问:作者游长江时的感受如何? 从哪些词语表现出来?

明确:心胸开阔、豪迈自信。作者在繁忙的公务之余,在开阔的江面上游泳,十分欢快,十分惬意。这里,既写了长江奔腾的气势和楚地天空的开阔,又表现出诗人的壮志豪情。"舒"字既是诗人所见,又是诗人自身所感,"情"和"景"在这里完美地融合在一起。作者在致黄炎培的信中说:"都是仰游、侧游,故用'极目楚天舒'"。主席 63 岁高龄,游水横渡长江,确实是惊世壮举,这一壮举,既表现了作者的惊人毅力,也表现了作者高超的游泳水平;一个"舒"字,既写出了楚天的开阔,也表现了作者的开阔胸襟。"万里长江横渡",是写景叙事,也是抒发感情;"极目楚天舒",是写景叙事,也是抒发感情。

(3)"不管风吹浪打,胜似闲庭信步,今日得宽馀。"

这句诗,既包含对比意义,又包含比喻意义,你能谈谈这两方面的意义吗?

宽馀:即"宽余",宽阔舒畅的感觉。

大意是:任凭风吹浪打,胜过在清静的庭院里随意散步,今天真正有一种十分舒畅的感觉。这里,诗人用对比的方法,进一步表现了在风浪中游泳的轻松自如,抒发了迎战风浪、激流勇进的革命豪情。

(4)"子在川上曰:逝者如斯夫!"巧用典故以抒写诗人之志。

提问:孔子的语录流传后世很多,为什么作者偏偏想到这句话呢?(题目既是"游泳",必须与"水"相关才可入诗。孔子面对江水一去不复返而生感叹,正好与眼下滔滔而去的长江之水相贴近。)

讲解:作者联想到孔子面对河水而发浩叹是十分自然的,这中间的媒介即是"水",但作者却增添了新的内容。孔子在发感慨,时间一去不返,作者在这里进一步表明,正因为时间宝贵,所以应该抓紧大好时机进行社会主义经济建设,不是无可奈何的叹息,而是只争朝夕的激励。同时,这个典故亦为过渡到下阕做了准备。

(5)你能把上阕的意思概括一下吗?

该诗上阕写行踪,点地点;写壮景,抒豪情,又引古语揭示事物发展的规律。语言凝练而又形象。

2. 赏读下阕。

齐读下阕:思考下阕写什么?

学生对照注释,小组合作探究。

"风樯动……天堑变通途"写出长江大桥的建设,气势宏伟,速度惊人。"动""静""起""飞""变"一连串的富有表现力的词语,不但写出游长江之所见,而且展现了祖国建设的巨大变化与建设的迅速,这正是建国伊始,整个经济建设大好形势的缩影。

教师提问:词中说要进一步开发改造长江之水,那是怎样的一个规划?有什么特点?(大坝十分坚固——"石壁",将上游的水蓄积起来——"截断巫山云雨",水库的位置很高——"高峡出平湖"。)

讲解:这是写设想中的全面建设开发长江资源的蓝图。开发长江,利用水资源是几代人的梦想,只有江山回到人民手中,这一梦想才有可能实现。作者对词语颇有推敲,使之富有诗味,不说大坝而说"石壁";不说上游流水,而说"巫山云雨";不说高山水库,而说"高峡出平湖"。用语典雅得体,更富有艺术美感。这里又有一个神话联想——巫山神女的故事,那是因为巫山在长江上游,由武汉沿长江上溯,自然可达巫山,既到得巫山,便自然想到神女峰及其名称来历。因此,词的最后一句便巧借神女之传说,设想神女如果活到今天,也该惊叹于世间的巨大变化。可以说是自然贴切,意味深长。这首词无疑抒发的是改造自然的宏大愿望和对社会主义建设成就的赞美。

学生自由背诵。

(设计目的:通过反复的朗读,达到提高学生朗读诗歌水平的目的。同时,书读百遍其义自现。)

3. 总结艺术特色。

(1)运用丰富奇特的联想和想象。

发挥惊人的艺术想象力,运用丰富奇特的联想,是本词较为突出的写作手法。词篇由横渡长江所见情景和触景而生的豪情,联想到孔子的名言,并赋以新意,突出了诗人伟大的胸襟和气魄。由大江东去,日夜奔流,自然地联想到祖国社会主义建设事业的突飞猛进,一日千里。由眼前的龟蛇二山相对,万舟争渡联想到大桥凌空飞架,并由当前的建设进而联想到想象中的三峡水利工程。从祖国建设的日新月异联想到神话故事中的神女,借神女的惊叹来反映人间社会主义建设的巨大变化,从而突出了全词的中心思想。

本词巧妙地引用歌谣、古语、神话典故,并且拓出新意,丰富了诗词的内容,更好地表达了诗词的主题。

三、生活引入

1. 学习了这首诗歌,你有什么感想?

学生以小组为单位讨论回答。

2. 教师展示两句名言,背景音乐《真心英雄》。

"为中华之崛起而读书"——周恩来

"不想做元帅的时并不是好士兵"——拿破仑

学生进行讨论,"你的理想是什么? 你为之而进行了怎样的努力?"

可以采用多种形式,比如,朗诵诗歌,引用名言,讲述名人故事,讲述自己为理想而做出的努力克服困难的故事等。

(设计目的:学生学习毛泽东心怀天下的理想抱负,现在就立下志向,为自己的梦想而奋斗。减少学生无所事事的想法,立志努力面对人生和生活。)

小结:心在哪里,路就在哪里。只要我们树立的坚定的理想,就不怕人生的道路走得不精彩。天下何人不识君！前途是美好的,道路都是曲折的。我们都要像毛泽东一样,心怀天下,树立自己的理想,祝愿大家都能实现自己的理想!

四、布置作业

1. 背诵并默写诗词。（必做）

2. 小作文:《我为理想而努力》,300 字左右。

【板书设计】

水调歌头·游泳

毛泽东

游泳壮景　　丰富的联想、想象

宏图豪情　　巧用歌谣、典故

第四章　品味散文的神韵

第一节　《雨中登泰山》教学设计

【教学目标】

1.学习此文突出雨中泰山的特点以及"移步换景"的写景方法。（教学重点）

2.了解泰山的景色和名胜古迹,培养对祖国壮丽山河和悠久文化传统的热爱。（教学难点）

3.学习作者知难而上,勇于攀登的精神。（德育目标）

【教学方法】

教法:"三入式"文本阅读教学法、点拨导读法。

学法:学案导学、合作探究。

【课时安排】一课时。

【教学手段】多媒体辅助教学。

【课前预习】

1.阅读课文将所缺的景点并将游踪补充完整。

岱宗坊——（1）——（2）——一天门、孔子登临处、天阶——（3）——柏洞——壶天阁——黄岘岭——二天门——（4）——慢十八盘——升仙坊——（5）——南天门

2.熟读课文,重点赏析虎山水库、瀑布、七真祠、松树、怪石、云海的精彩段落。

3. 注音。

崔嵬　暗呜叱咤　芊　蔚　汶　峻嶒　漆

【教学过程】

课前播放古筝曲《高山流水》,泰山风光视频滚动。

一、情境导入——眼中的泰山

1. 图片导入,简介泰山。

刚才播放的图片,同学们一眼就能看出这是哪儿的风光——泰山,对于泰山的风景,我们并不陌生,有同学可能爬过泰山,更多的同学也早从图片、画册、电视上就一睹过泰山的风采,许多文人墨客也在诗文中写出了自己眼中的泰山。

2. 齐诵有关泰山的诗句。

同学们能试着背一两句吗? ——"孔子登东山而小鲁,登泰山而小天下。" "岱宗夫如何,齐鲁青未了。造化钟神秀,阴阳割昏晓。荡胸生层云,决眦入归鸟。会当凌绝顶,一览众山小。"

除了诗文当中经常抒写泰山,关于泰山的字眼也比比皆是,请成语填空。

3. 成语填空游戏。

请为成语找到相应的解释,将序号填入表格内。

①比喻某一方面负有名望的人。②比喻一种巨大的势力。③比喻有重大的价值和意义的人或事。④指众所仰望的人死去的意思,多在悼词中出现。

泰山北斗	泰山压顶	重于泰山	稳如泰山
(　　)	(　　)	(　　)	(　　)

师:泰山,庄严神圣,五岳独尊,山中的人文杰作与自然景观完美和谐地融合在一起。两千年来一直是帝王朝拜的对象,更是中国艺术家和学者的精神源泉,是古代中国文明和信仰的象征。很多人对泰山心向往之,期盼有缘登上泰山,有这样一位作家,对泰山神往达几十年之久,终于在 55 岁时有机会亲近泰山,却又被连绵大雨阻隔了三日,第四天,终于遏制不住对泰山的渴望,冒雨登山。这个作家是谁?

二、文本深入——文中的泰山

(一)说作者

李健吾(1906—1982),山西省运城人。中国现代作家、戏剧家、文艺评论家、文学翻译家。他也擅长写散文,他的散文清新质朴,很有情趣。

师:古往今来,记述登临泰山的文字不少,但记述"雨中登泰山"的不多。物以稀为贵,文以奇取胜。李健吾的《雨中登泰山》不仅描述了雨中泰山的独特风姿,更记录了雨中登山的独特情趣。让我们追寻作者的足迹,沿着他的游踪,领略雨中泰山的神韵,与作者分享雨中登山的收获。

(二)理游踪

1. 学生合作,填写游览路线。

在预习学案中要求同学们找出游览路线,现在你能循着作者的游踪登到山顶吗?我展示的是泰山游览路线图,把作者重要描写的景点名称隐去用序号表示的,我把带序号的卡片发给每组同学,请大家将景点写到卡片上,一会儿请同学到黑板前面用双面胶将卡片粘到路线图上,完成路线图。

2. 了解"移步换景法"。

思考:课文采用了怎样的写景方法?

学生回答后明确:"移步换景"法。

师:课文写景以"移步换景"之法为主。所谓"移步"是指观察者立足点的变化;所谓"换景"则指景观不同,或观察对象的变换,或是由于距离、角度的变化,同一观察对象,样子不同。这种以观察者立足点的变化为线索,描述所见景物的方法,称为"移步换景"法。例如,课文中对"岱宗坊"至"南天门"诸多景点的描述,就是以作者的游踪的线索串联起来的。作者走一路,看一路,依次记述了沿途种种景观,正是运用了"移步换景"之法。

同学们找找课文中几次写到紧十八盘,作者是怎样描写的?

对"紧十八盘",既有远处眺望("仿佛一条灰白大蟒,匍匐在山峡当中"),也有从下边仰视("仿佛一架长梯,搭在南天门口"),更有紧贴其前立于其上的精确描述(石级窄窄的,搁不下半只脚)。多角度的描述,给读者留下了立体的印象,给人以亲眼所见如历其境的感觉。

(三)赏泰山

1. 学生找出自己最喜欢的描写片段并加以分析。

师:恭喜同学们已经登上了泰山,站在泰山之巅,回顾一下作者笔下的景物,哪一个是你最喜爱最难忘的? 谁说一说理由?

学生回答分析,其他学生补充。

师:一篇成功的游记既使读者观其游踪全貌,又能突出景物精华,给读者留下深刻的印象,这就要处理好"线"(游踪全貌)和"点"(景物精华)的关系。课文登山路程跃然纸上,清晰分明,同时又有重点地选择了虎山水库的瑰丽、七真祠塑像的逼真、松树的千姿百态、积石的奇形怪状、白云洞云海的变幻莫测等作为描绘的重点,描写雨中泰山的另一番情趣,处处点染雨中泰山的水声、山色、水态、水情,使人耳目一新,全文成为一篇银线穿珠的佳作。

(四)知雨趣

1. 文章"雨"字贯穿始终,作者的心情也和"雨"息息相关。分析作者心情变化。

(1)心情变化。

开始时:作者是满怀豪情逸兴登泰山的,所以作品一开始便引用杜诗《望岳》中的"会当凌绝顶,一览众山小"表达出迫切的心情。但是天公不作美,下起雨来,不能不大为扫兴、焦急,于是感觉到"淅淅沥沥,不象落在地上,倒象落在心里","天是灰的,心是沉的",开始失望起来。待到天色转白,好转,作者的心情是怎样的? 便"兴致勃勃"地出发了,作者已下定决心将下雨带来的烦恼抛到脑后,尽情领略泰山之美了。

文章末尾:文章最后落笔在"山没有水,如同人没有眼睛,似乎少了灵性",扣紧"雨"字,说自己"有雨趣而无淋漓之苦,自然也就格外感到意兴盎然"。"文末显志",点出"文眼"——意兴盎然。

(2)学生找出作者意兴盎然心情的细节之处,品味雨趣,感悟"独得其乐"。

在对泰山的第一个图景虎山水库的描绘中,作者就注入了强烈的感情色彩,景色明快而雄浑,由于怀着盎然的意兴观赏水库,水库越发壮观,意兴也就越发盎然。

在记七真祠塑像的片段中,特别写了一笔"不是年轻人提醒我该走了,我还会欣赏下去的",完全沉浸在无名雕塑家创造的美的境界之中了。

"人朝上走,水朝下流,流进虎山水库的中溪陪我们,一直陪到二天门。"人多情,水亦多情,第一谓语动词"陪"字已将意境托出,下句再重用"陪"字而且加上状语"一直",就使人感到更加亲切了。

当作者用极大的努力攀登上主峰的盘道时,不写山、不写水,直接记叙了掐草摘花的一个小插曲:"连我上了一点岁数的人,也学小孩子,掐了一把,直到花朵和叶子全蔫了,才带着抱歉的心情,丢在山涧里。"他再也无法抑制内心的愉快了,这是"意兴盎然"的具体表现。

又如写一路所见的中溪之水、山涧之水、飞瀑等景观,既写泰山雨景的特色,也表现了作者那种"独得之乐"的情趣和意兴。作者所描绘的松树各具情态的动人的形象,写出了它们的性格和精神,也寄托了作者对美的理想和追求,也把读者的心灵带到了"一种崇高的境界"。

小结:其实,登山过程是艰苦的,作者写紧十八盘的盘道极险峻时,转引了马第伯《封禅仪记》中的一段话:"仰视天门窔辽,如从穴中视天。直上七里,赖其羊肠透迤,名曰环道,往往有絙索,可得而登也。两从者扶掖,前人相牵,后人见前人履底,前人见后人顶,如画重累人矣。所谓磨胸舁石扪天之难也。"作者巧妙地借他人之言把自己所看到的山势极为险陡,攀登极为艰难,表现得非常生动具体。是"苦趣",也是"乐趣"。苦在攀登无比艰辛,"后人见前人履底,前人见后人顶,如画重累人矣";再加上55岁的年龄和下雨天气带来的湿滑,这都给攀登带来了难度,乐在克服险峻,登上极顶,饱赏蔚为壮观的胜景,饱尝勇攀高峰的乐趣。第9段中写"心还在跳,腿还在抖,人到底还是上来了,我走在天街上,轻松愉快"。

三、生活引入——心中的泰山

1. 学生畅谈感悟。

师:自古以来,泰山在人们心中都是难以攀登的高山,特别是十八盘更以险峻闻名。而李健吾却品出了雨中登泰山的"独得其乐"。你能悟出什么道理?

学生讲述"心中的泰山":何时去爬泰山,还想游览哪些名山大川。

　　教师小结:读万卷书,行万里路。越是常人不走的道路,越能欣赏到奇异的风景。这一切又归结于一个"敢"字。"敢于在雨中登泰山",才能享"独得其乐"。只有不畏艰险地攀登,才能到达美好的境界。

　　这篇文章作者写于 1961 年,国家面临空前的困难,李健吾的人生也经历着现实的风雨。作者在登山过程中品味到只有知难而上,勇于攀登,才能战胜困难,享受到高处的风景。其实,每个同学心中都有一个人生的泰山,有个奋斗的山巅。你能说说你心目中的泰山,你的理想是什么吗?

　　祝愿同学们在通往人生高处的路途中,也能克服困难、不怕风雨、意兴盎然地攀登,能够享受到攀登的乐趣,欣赏到别样的风景。

四、布置作业

　　1. 观看纪录片《世界自然文化遗产之泰山》。

　　2. 小作文:《我心中的泰山》,300 字左右。

【板书设计】

雨中登泰山

李健吾

感受泰山之美
感悟独得之乐

第二节　《我很重要》教学设计

【教学目标】

　　1. 把握文章结构,揣摩文章优美的语言,体味文中重要句子的含义。

　　2. 培养学生整体感知文章和筛选信息的能力。

　　3. 使学生正确认识自身价值,培养尊重个体生命及自我价值的理念。

【教学重点】梳理文章思路,把握文章内涵。

【教学难点】体味文章运用多种修辞手法对表达文章主旨、表现情感所起的作用。

【课时安排】一课时。

【教学方法】"三入式"文本阅读教学法、小组合作探究法。

【教学手段】多媒体辅助教学。

【教学过程】

一、情境导入

1. 播放视频《千手观音》,请学生看后谈谈感受,目的是引导学生从关爱自己,珍爱生命,发挥生命的价值的角度认识到个体生命的诚然可贵,从而引出作者观点:我很重要。

(1)学生观看视频,教师只对演员情况做简要说明,让学生带着惊叹和期待观看影片。

(2)学生观看后,用一句或两句话谈出感受。(可能从挑战、不放弃、坚持、吃苦等角度。)

教师解说:曼妙的舞姿、优雅的动作,这 21 位平均年龄只有 17 岁,最小 13 岁的聋哑人,我想他们不仅仅是在舞蹈,更是在用自己的生命,用自己的信念告诉人们:我不放弃自己,我爱自己! 他们的这种精神让我强烈地感到:每个人只有重视自己,关爱自己才会跳出生命最美的舞蹈;对于我本人来说,我不可或缺。在现代,有一位作家以她的深切感受和对生命的神圣承诺响亮地喊出了:"我很重要!"今天就让我们一起走近毕淑敏的心灵呐喊《我很重要》。

2. 作者简介。

毕淑敏,女作家,国家一级作家,内科主治医师。1952 年出生于新疆,在西藏阿里高原部队当兵 11 年。后转业回北京,在北京师范大学获得文学硕士学位。从事医学工作 20 年后开始专业写作。

1987 年发表处女作《昆仑殇》;曾获当代文学奖、昆仑文学奖等各种文学奖 30 余次。其主要作品有《预约死亡》《血玲珑》等。

二、文本深入

(一)整体感知,了解文章大意

1. 检查预习,给生字注音。

菽(shū)粟   濡(rú)养   撤(qìn)电铃

微蹙(cù)   翱(áo)翔   寰(huán)宇

2. 默读全文,理清思路。

教师:默读全文,回答作者先提出了什么观点,最后得出的结论是什么?

写作思路:开篇提出"我不重要"—分析"我很重要"—鼓起信心肯定"我很重要"。

3. 找出作者每说一次"我很重要"时的心理感受,领会作者的情感变化,并说出变化的原因是什么。

教师:"我很重要"是文章出现频率最高的一句,作者从最先的害怕说到最后的响亮说,每一次带给她的都是不同的感受和震颤,现在就请同学们找找作者每说一次"我很重要"时的心理感受。

(1)颈后一阵战栗——担忧(怕说)。

(2)对自己小声说——不习惯(但是我说了)。

(3)声音放大一点说——激动(我这样说了)。

(4)大声对世界宣布——勇敢(我终于说了)。

(5)昂头响亮地宣布——骄傲(我坦然说了)。

(二)感悟"我很重要",理解"我很重要"的内涵

1. 学生齐读课文第9~29段,找出依据,为什么作者说"我很重要"。

教师:有哪些原因让作者提出并坚持"我很重要",请大家朗读课文第9~29段,勾画出文章内容转换的语句,找出依据,并逐一进行概括,把握作者观点。

(1)"我"是由无数星辰日月草木山川的精华汇聚而成的万物之灵。(自然)

(2)"我"是人类精神文化之火的承传者,负有不可推卸的神圣责任。(历史)

(3)"我"是机遇的产物。(诞生)

(以上是从"自然人"的角度,生命的不可复制和独一无二,我不可替代,我

很重要。）

(4)"我"是父母浓浓慈爱与亲情的不可失却的承载。(《游子吟》)

(5)"我"是相濡以沫的夫妻中不可或缺的一个。(《高女人与矮丈夫》)

(6)"我"是替子女遮风挡雨的大伞。(地震中保护婴儿的母亲)

(7)"我"是朋友不可填补的感情空间。(刘关张桃园三结义与俞伯牙摔琴谢知音)

((4)～(7)从"社会人"的角度,生命的承载和责任感,我不可替代,我很重要。)

(8)"我"是自己事业的主宰。(刘翔夺冠)

(从"个人价值"角度,珍视自己,热爱生活,实现生命的意义,我不可替代,我很重要。)

2.理解"重要"的内涵和意义。

教师:从以上八个方面我们已经感受到无论是从生命的独一无二还是从我们面对亲情、友情、爱情或是对个人的事业来说我都是不可或缺的,我很重要,那这里"重要"的真正意义是什么,它与我的地位,身份有关吗? 听教师朗读第37～40段,找出作者对"重要"的解释。

(1)教师朗读第37～40段。

(2)学生听后找出作者对"重要"解释的语句。

(3)明确:重要与身份、地位、财富、事业无关,它不是"伟大"的同义词,它是心灵对生命的允诺,是每个人对生命的热爱,对自我的重视。

(三)品读鉴赏,感受文章优美的语言

教师:文章语言优美,富有哲理,极具表现力。一个重要因素是运用了多种修辞手法,如恰切形象的比喻、气贯如虹的排比、发人深省的反问,引导学生找出文中有关的语句并体味运用的好处。

具体做法如下,先朗读自己找出的文句,再说出运用了哪种修辞手法,并说出运用的好处。

如比喻的句子:"我知道这是把自己的额头裸露在弓箭之下了,心灵极容易被别人的批判洞伤。"

"假如我不存在了,他们就空留一份慈爱,在风中蛛丝般无法附丽的飘荡。"

"相交多年的密友,就如同沙漠中的古陶,摔碎一件就少一件。"

让学生体味喻体的含义及运用的好处。

如排比的句子,文章开头连用 5 个排比句的好处。

再如文中运用反问与反复的句子都可以让学生找出,明确概念与作用。

(此环节突破了教学难点,提高学生表达和交流的能力,对提高学生的写作水平也有帮助。)

三、生活引入

1. 引申探究,理解"我很重要"不仅是珍惜生命、热爱生命,还有责任的承载与爱的接受与付出。

教师:诚然,每一个"我"都不可复制,"我很重要"告诉我们要珍惜自己的生命,但在生活中放弃自己生命的人比比皆是,请大家看这则材料(某大学生研究生自杀的材料),从作者的 8 个依据中想想他们除了丢掉了自己的生命外,还丢掉了什么?

(1)展示某大学生研究生自杀的资料。

(2)学生看后讨论回答。(丢掉了责任,关爱,个人价值等)

(3)与课前观看的影片《背起爸爸去上学》及了解的洪战辉的事迹相比较,前者遇到挫折就轻言放弃,后者小小年纪能承担生活责任,勇挑重担。

(4)师生达成共识:"我很重要"除了有对自己生命的珍惜与热爱之外,还有对自己责任的承载与爱的接受和付出。

2. 说宣言。在理解了"我很重要"的意义后,让学生以"我的生命宣言"为主题,自己创作一句话表达"我很重要",或用一段话讲出对"我很重要"的理解。教师发给学生漂亮的易撕贴,让学生写宣言,每组请代表念后让全班同学贴在墙上。

例如:我很重要,所以我要珍爱生命

我很重要,所以我要努力学习

我很重要,所以我要成就自己

……要有所担当

……要孝敬父母

……要回报社会

3.读课文。学生高声朗读第 41～42 段,增强自信,强化重点,结束本课。

四、布置作业

1.摘抄文中富有哲理性的句子。

2.对比阅读李炳青的《你真有那么重要吗?》,写读后感。

【板书设计】

我很重要

毕淑敏

$$我很重要\begin{cases}自然人\\社会人\\个人价值\end{cases}\begin{matrix}珍爱自己\\尊重生命\end{matrix}$$

第三节　《幼学纪事》教学设计

【教学目标】

　1.整体梳理,感知环境。

　2.具体研读,感受人物。

　3.品味语言,感悟人生。

【教学重点】感受人物乐观向上的心态和执着追求的精神。

【教学难点】感受文章寓辛酸苦涩于轻松幽默之中的语言风格。

【教学方法】"三入式"文本阅读教学法、点拨导读法。

【教学过程】

　一、情境导入

　1.导入:这是 2006 年感动中国十大人物之一的洪战辉,他用 13 岁单薄的肩膀担起整个家庭的重担,带着妹妹走进大学校园,他的事迹已经广为传颂。

这是洪战辉的家。(展示图片)

我还记得在颁奖典礼上,他动情地说:"有句话是我想送给大家:苦难的经历并不是我们博得别人同情的资本,奋斗才是最重要的。"

洪战辉"在贫困中求学,在艰辛中自强"的故事感动了每一个中国人。在20世纪的老北京也有一个这样的少年,他百日丧父,两度因贫困失学,15岁做仓库佣工、抄写员。但他凭着对文学的热爱,凭着坚强与乐观,发奋图强,最后成为一个享誉中外的表演艺术家。他就是《幼学记事》的作者于是之。

2. 简介作者。

于是之,著名表演艺术家,原名于淼,天津人。中国戏剧家协会第四届副主席,北京人民艺术剧院副院长。在《龙须沟》《骆驼祥子》《茶馆》《洋麻将》等剧中成功地塑造了一系列舞台艺术形象。著有《于是之论表演艺术》。

3. 识记生字。

殁(mò)　伫(zhù)立　兀(wù)立　忐忑(tǎn tè)　涅(niè)

嘁(qī)嘁喳(zhā)喳

二、文本深入

(一)感知环境

1. 不识字之苦。

师:在全文的最后一段中作者说他最喜欢的两句话是"蓬生麻中,不扶自直;白沙在涅,与之俱黑",请看课下注释,这两句话是什么意思?

生:选自《荀子·劝学》,意思是蓬草生在麻中,不待扶持便能长得很直;白色的沙砾落在泥里,就同泥一样黑了。这则成语比喻环境对人的重要影响。良好的环境对人有着积极的影响。

师:那么作者生活在一个什么样的环境呢?

齐读第一部分,找出作者幼年的生活环境。

师:第1段主要写什么内容?

生:贫寒的家境——祖母、母亲寡居贫穷,没有文化。

师:写幼年的生活环境,为什么第1段不写生活的贫困,而全段侧重写"没有文化"?

生:这实际上是在写他家境的贫寒,另外根据中心的需要,首先点出作者渴望求学的艰辛。

师:第2段写了什么?

生:作者生活的环境——大杂院。

师:为什么要详细叙写"我"帮助老郝叔起草"请会通知"的事?

生:说明劳动人民没有文化的痛苦。

小结:文章首先写家庭贫寒,突出没有文化;然后写大杂院,也突出没有文化。这样就写出在如此恶劣的条件下"我"求学的艰难。这样的环境使"我"深知不识字的痛苦,使"我"读书的愿望更加强烈。(板书:不识字之苦)

2.读书之乐。

(1)师:荀子说,"蓬生麻中,不扶自直",作者在第二部分第1段也说"一个人的读书习惯,依我看,总是靠熏陶渐染逐步养成的,这就需要一个稍微好些的文化环境",为什么在如此艰难的环境里,"我"喜欢读书并学有所成呢?

生:全靠我幸运地遇到了校内外的许多良师益友。

师:虽然当时的大环境很恶劣,他在上学期间幸运地拥有了一个有许多良师益友组成的充满文化气氛的小环境。给他印象最深的是谁?

生:两位良师。

(2)一名女生朗读第二部分第3段。其他同学思考:他回忆了一位什么样的老师,作者对他印象最深的是什么?

生:回忆孔德小学一位忘了姓名的老师。"读得很慢,却很动人""印象很深"——文学的启蒙、民主思想的启蒙。

(3)师:默读第4~9段,说一说卫天霖老师是怎样教他们画画的?

生:尝试多种画法、静物写生、外出写生、鼓励学生,卫天霖老师灵活的教学方法和他对学生的赏识教育给了"我"最早的艺术熏陶,为日后走上艺术之路奠定了坚实的基础。同时,"我"也从老师身上发现了"平凡"的深刻蕴意,懂得了人的真正价值——他在孩子们的心里播下了"美的种子"——用他的艺术,更用他的人品。

3. 失学之苦。

师：在孔德小学的生活是幸福的，因为作者在那里品尝到了文艺和美学的佳酿，可惜这种学习生活并没有持续下去。作者十几岁时辍学了？

生："从十五岁那年起，我就上不起学了。"

师：在课文第三部分，作者详细记叙待业期间的凄苦生活。

4. 求学的苦乐。

但他对知识的渴望与追求并没有因为辍学而停止。在艰难的求学路上，他又遇到了朋友的帮助。

师：在第四部分中，主要写了几件事，他得到了朋友的什么帮助？

生：侥幸进辅仁大学中文系旁听，"偷窃知识的人"；找到职业后到中法汉学研究院学法语。

师：恶劣、贫困的生活环境使作者品尝到了不识字之苦，良师益友的帮助使他感受到了读书的快乐。作者在回忆年少时学习历程中，没有抱怨生活环境的恶劣，而是对良师益友充满了感激之情。

(二)感受人物

1. 提问：在第四部分结束时，作者说"我庆幸自己在那样恶劣的政治制度下竟遇到那么多好的老师和好的朋友，他们为我启蒙，教我知道书这种东西的宝贵，使我没有胡乱地生长"。于是之先生由一个贫家少年成长为一个杰出的艺术家，仅仅是靠良师益友的帮助吗？

2. 现在我们一起来看看作者是如何艰苦求学的。

指名学生读课文第四部分第 6～7 段。

师：作者在文中说自己课上是"雅人"，课下是"俗人"，你是怎么理解的？

生："雅人"是指徜徉于法兰西文学殿堂，阅读 19 世纪经典诗文，与莫里哀、雨果这样的文学大师对话，追求着高雅的精神生活。而现实却是步行几十千米去做工，晚上饿着肚子去听课。

艰辛的现实生活与高尚的精神追求形成了强烈的对比、反差。

师：这两段里还有这样的对比，请找出来。

生：窝头小菜与法兰西艺术殿堂；厕所与餐厅；棒子面与菩提树、夜莺鸟的诗情。

3. 师：在这种对比中你能感受到作者的什么精神？

生：不畏艰苦、坚忍顽强。

师：在如此艰苦的条件下作者感到痛苦吗？

生：以苦为乐。

师：为什么作者不以为苦反以为乐？

生：源于对知识的热爱、对文学的执着追求。

师：在第四部分还有其他对比吗？

生：进教室的不自在与恐惧与听课的有趣与神往。

师生小结：这些对比表现了作者如痴似迷、酷爱知识的执着精神，苦中寻乐、以苦为乐的乐观心态与坚强意志，读来感人肺腑。正是他这种对知识的渴望、对文学的热爱，于是之先生才能战胜一切困难，走向成功。

三、生活引入

1. 读书名言。

读了《幼学纪事》，我想同学们会格外珍惜今天的读书环境，懂得读书对一生的意义与价值。这是几则读书名言，送给大家，与同学们共勉。

发奋识遍天下字，立志读尽人间书。——苏轼

立身以立学为先，立学以读书为本。——欧阳修

鸟欲高飞先振翅，人求上进先读书。——李苦禅

2. 小结：今天我们跟随于是之先生，回到了他童年生活的大杂院，体会到了贫苦老百姓不识字的痛苦；又随着他来到孔德小学在先生的熏陶感染下，体味读书的快乐；在他失学待业时我们分担他的双重痛苦，在他业余求学时我们分享他徜徉文学殿堂的快乐。他的学习经历告诉我们：只有不畏艰苦，只有执着追求，才会越飞越高！那么，就让我们坚强乐观、执着追求，相信我们都会成功！

四、布置作业

这篇文章给你什么启示？写一篇读后感。

【板书设计】

幼学纪事

于是之

不识字之苦

读书之乐　　顽强　乐观

失学之苦　　执着　追求

求学的苦乐

第四节　《我的梦想》教学设计

【教学目标】

1. 了解作者生平及作品,用心体会作者对人生的感悟。

2. 认真揣摩文中语句,学习作家寓哲理于平实文字的写作方法。

3. 学习作者敢于挑战自我直面人生的精神。

【教学重难点】梦想的几次变化及作者对人生的感悟

【教学方法】"三入式"文本阅读教学法、小组合作探究法

【课时安排】一课时

【教学过程】

一、情境导入

同学们,课前已经让大家用自己认为最绚丽的颜色准备了自己五彩斑斓的
"梦想明信片",那么,现在请大家展示一下你的"梦想明信片",与大家分享你的
梦想。

(此处设计是因为学生在未读此文之前的梦想一般局限于对歌星、影星、体
育明星等的追捧,让学生先说出自己的梦想,然后引导学生向往健康的偶像,最

后揭示作者悟出的人生的真谛。让学生得到"体验感悟"的乐趣。)

现在我们今天走进史铁生的《我的梦想》。

二、文本深入

(一)检查预习生字注音

譬如　　魅力　　祈祷　　沮丧　　嫉妒　　须臾

(二)简介作者(出示史铁生简介,人物名片)

姓名:史铁生

出生地:北京

出生日期:1951 年

职业:作家

毕业院校:清华大学附中(初中)

健康状况:双腿瘫痪,尿毒症

主要成就:2002 年度华语文学杰出成就奖

代表作品:散文《我与地坛》

　　　　　长篇小说《务虚笔记》

　　　　　短篇小说《我的遥远的清平湾》

(三)整体感知

1. 解读梦想。

速读课文,并分组讨论以下问题:

(1)作者在文章中写到了几个梦想?

(2)作者每一个梦想形成的原因是什么?

(这两个问题的设置是为了引领学生解读作者的梦想,梦想的产生及变化的过程,从而水到渠成地揭示文章的主题。)

明确(1)作者在文章中写到了几个梦想?

最初梦想——有刘易斯那样健美的躯体

确立梦想——既有一个健美的躯体,又有一个了悟人生意义的灵魂

升华梦想——给予灵魂有残疾的人更多的同情和爱

明确(2)作者每一个梦想形成的原因是什么?

作者梦想变化的过程也是他思考人生、品味人生的过程,我们一起来看史铁生的心路历程,先来看他最初的梦想。

梦想一:有刘易斯那样一副身体就好。

原因:①作者身体的残疾。("也许是因为人缺了什么就更喜欢什么吧","总之我是个全能体育迷")

②"第一喜欢田径",因为"田径"运动的魅力不在于纪录,而在于人的力量、意志和优美的充分展现。

③刘易斯"随便一跑就是十秒以内,随便一跳就在八米开外",且"动作也是那么舒展、轻捷、富于韵律"。

分析:刘易斯符合作者身体健全、体育全能、田径优秀的梦想标准,两个"随便",还有"富于韵律"的评价使作者对刘易斯的崇拜达到了溢于言表的程度,第一梦想的表达以"相信他是世界上最幸福的人"达到极致。

梦想二:希望既有一个健美的躯体又有一个了悟了人生意义的灵魂。

原因:奥运会上,约翰逊战胜刘易斯。

分析:在约翰逊战胜刘易斯之后,作者用对比手法写出了约翰逊的风光无限,"所有的人""所有的旗帜""浪潮般的记者们",把自己的沮丧写到极限,"总想着""不愿意""竟似比刘易斯还败得惨""岂不是精神病么",然而作者并没有随波逐流,也没有盲目下结论,经过思考他得出了结论——上帝从来不对任何人施舍"最幸福"这三个字,他在所有人的欲望前面设下永恒的距离,公平地给每个人以局限。"命定的局限尽可永在,不屈的挑战却不可须臾或缺。"

梦想三:给予灵魂残疾的人更多的同情与爱。

原因:约翰逊服用兴奋剂,牙买加人对他的宽恕:"不管他做错了什么事,他都是牙买加的儿子。"

分析:这"意外"的结局更深化了作者的观点。

2. 美化梦想。

提问:史铁生怎样将几个梦想很好地展现在我们面前? 该文写作有什么特点?

(1)修辞美:课文运用排比、比喻、反问、对比等修辞手法使文章的语言含蓄凝练,朴素自然。

如"我最喜欢并且羡慕的人就是刘易斯。他身高一米八八,肩宽腿长,像一头黑色的猎豹,随便一跑就是十秒以内,随便一跳就在八米开外。"——比喻

"难道我们不该对灵魂有了残疾的人,比对肢体有了残疾的人,给予更多的同情和爱吗?"——反问

"田径运动的魅力不在于记录,人反正是干不过上帝;但人的力量、意志和优美却能从那奔跑与跳跃中得以充分展现,这才是它的魅力所在,它比任何舞蹈都好看,任何舞蹈跟它比起来都显得矫揉造作甚至故弄玄虚。"——对比

(2)真情美:作者通过记叙奥运会上的真实事件而改变梦想的过程,进行主题的揭示,进行人生真谛的阐释,似行云流水,水到渠成地流露真情,毫无矫揉造作,娓娓道来中揭示大道理。

(3)叙议情:文章运用叙事、抒情、说理互相交融的写作方法,让文章浑然一体,无任何刻意的痕迹。

3. 实现梦想。

(1)师:上课开始时同学们展示了各自的梦想明信片,有的同学的梦想偶像是歌星、影星、体育明星等,与作者的梦想偶像有什么不同吗?

学生畅所欲言。(此设计是为了引导学生追求健康、积极向上的偶像,培养美好情愫。)

师:同学们所追求的是偶像,虽然作者的偶像也是体育明星,但在偶像的身上却寄予了作者的一种人生态度,因为他说在田径上可以充分展现人的力量、意志和优美。而刘易斯在跳远决赛再创辉煌的事迹更让人佩服。(此设计是为了引导学生理解真正的美。)

(2)作者悟到人生的真谛——超越局限、参悟人生,并且还说上帝公平地给每个人以局限,不可须臾或缺的是不屈的挑战。

师:史铁生本身就是一个这样的打不垮的英雄。21岁瘫痪,30岁得了肾病——"我的起落架和发动机都坏了"……生病为业,业余写作。2002年华语文学传媒杰出成就奖颁奖词:"史铁生用残缺的身体,说出了最为健全而丰满的思想。他体验到的是生命的苦难,表达出的却是存在的明朗和欢乐。"

提问:你知道的像史铁生这样坚强、乐观的人物还有谁?小组交流,推选代

表简单概述。

学生补充讲解：海伦·凯勒、张海迪等。

（3）我们了解了作者的梦想从形成到完善的经过，那么他到底实现了自己的梦想了吗？请听史铁生的作品《你的跑鞋我的梦》中的记述（课件展示）：

2001年3月20日10时40分，"轮椅作家"史铁生与"世界飞人"刘易斯见面了。史铁生当面表达了他对刘易斯的仰慕之情，他说："我最着迷的是你跑起来的美。你是我的梦想。我常常想，奥运会的口号在'更快、更高、更强'之外，还应该加上一条'更美'。一方面是运动员的形体美，另一方面它意味着对违禁药品的自觉抵抗。"会面的高潮是史铁生和刘易斯交换礼物：史铁生把自己签字的文集送给了刘易斯，刘易斯则送上一张镶在镜框里的签名照片，以及一双签名的蓝色耐克跑鞋。史铁生珍重地收好了刘易斯的礼物，他说："我要把鞋供到书柜里，照片放在鞋旁边，我的梦想已经实现了。"我们为史铁生圆梦而高兴。

三、生活引入——放飞梦想

1. 师：作为老师，我特别期盼同学们能够实现自己的梦想。你们学的是珠宝工艺专业，一起来认识两位珠宝专业的学哥学姐。出示珠宝专业毕业生徐冬雪的梦想：

徐冬雪是我校2004级珠宝专业的学生，在校就梦想将来能拥有自己名字命名的珠宝公司。2006年她到卢金匠实习，毕业后因为工作踏实技能过硬，担任卢金匠百盛店的柜长，2010年她当上了部门经理。

我想，她一直在实现自己梦想的路上。我们可以看到，梦想是奋进的巨大动力，人生有梦才精彩。

2. 思考后回答：你的梦想是什么？

四、布置作业

1. 从文中摘抄自己最喜欢的5句话。

2. 写一篇小作文《我的梦想》，300字左右。

【板书设计】

我的梦想

史铁生

有刘易斯那样健美的躯体

健美的躯体、了悟人生意义的灵魂

给予灵魂有残疾的人更多的同情和爱

第五节　《回忆鲁迅先生》教学设计

【教学目标】

1. 梳理情节,体会伟人鲁迅日常生活中平易温和的一面。

2. 学习课文通过捕捉有灵性的生活细节表现人物性格的写作方法。

3. 感受作者对鲁迅的尊敬、爱戴和怀念之情。

【教学重点】培养学生独立阅读课文和梳理文意的能力。

【教学难点】理解作者感情,走进作者内心世界。

【教学方法】

1. "三入式"文本阅读教学法。

2. 学案导学、合作探究。

3. 学习平台,资源共享。

【课时安排】两课时。

【教学过程】

第一课时

一、情境导入

诗词导入:《自题小像》。

教师:鲁迅先生是文学家、思想家、革命家。作为伟人的鲁迅先生,他最有代表性的杂文"像匕首像投枪"富有战斗性,他在《自题小像》中用"横眉冷对千夫指,俯首甘为孺子牛"来评价自己,"横眉冷对千夫指"我们很好理解,鲁迅先生给我们的印象深邃、沉重、严厉、倔强、勇毅、果敢……浓黑的一字须,根根向上的头发,吸着烟斗、面目严肃冷峻,"俯首甘为孺子牛"是超乎我们想象的。今天我们就学习萧红的《回忆鲁迅先生》,走近和普通人一样拥有喜怒哀乐的真实的鲁迅。

二、文本深入

(一)作者简介及写作背景

萧红,现代女作家。1911 年出生于黑龙江省呼兰区一个地主家庭,1930 年为了反抗父母包办的婚姻离家出走,1932 年认识萧军并与之结为志同道合的伴侣,1934 年在鲁迅的帮助下和萧军一起来到上海。抗战爆发后,上海沦陷,萧红到了香港,1942 年病逝于香港九龙。

萧红的主要作品:《生死场》《马伯乐》《呼兰河传》《小城三月》等。

1934 年 11 月来到上海的萧红与萧军举目无亲、生活无依,作品无法发表,再次求助当时并不相熟的鲁迅。1935 年,鲁迅以"奴隶丛书"的名义自费出版了萧红《生死场》和萧军《八月的乡村》,使得东北作家群这批新生代作家自此以新锐姿态震撼文坛。由鲁迅作序并请胡风写读后记的《生死场》更成就了独步中国现代文坛的"文学洛神"萧红。在萧红眼中,鲁迅不仅仅是位令人尊敬景仰的文学家、思想家、革命家,更是一个文学创作和人生道路的引路人,她终生对鲁迅怀着深深的敬仰和感激。萧红的《回忆鲁迅先生》一枝独秀,成为鲁迅回忆录中的珍品。

(二)默读课文,初步感知

思考:文中的鲁迅留给你的总体印象是什么?

(三)研读课文,梳理情节

1. 思考:文章形式上以空行分段,作者选择了哪些生活场景来表现鲁迅的性格? 试用简短的词语概括出来。

明确：①笑声明朗；②走路轻捷；③品评衣着；④公园印象；⑤看电影；⑥两种纸烟；⑦坐着休息；⑧工作；⑨遇鬼踢鬼；⑩吃鱼丸；⑪病中；⑫海婴的自豪；⑬明朝会；⑭病好了；⑮木刻画；⑯若没有我呢；⑰病"好了"；⑱鲁迅休息了。

2. 思考：如果把第 2 自然段和第 1 自然段倒置，你觉得是否可以？课文的写作顺序？选材的特点？

明确：可以。散文内容涉及鲁迅的饮食起居、待人接物、读书写作、休闲娱乐，在内容上没有严格的逻辑顺序，材料与材料之间互不关联，形成某种断裂，有些片段即使倒置似乎也无碍于文章的连贯。这就表明，这是一篇非常情绪化的文章。作者动笔之前对于全篇的布局似乎漫不经心全无预设。动笔之后，作者心底的感情如喷涌的泉水飞湍的激流尽情倾泻挥洒，形诸笔墨而成为艺术结晶。凡属作者感到有诗意潜质和倾诉冲动的内容她就断断续续写出，用感情的红线将素材的珍珠逐渐织成一幅清晰的画面。

三、课堂小结

作者通过女性的细心体察，敏锐捕捉到了鲁迅先生许多有灵性的生活细节，全面表现出鲁迅的个性、情趣、魅力、气质等等。

四、布置作业

1. 熟读课文，说说鲁迅给你留下了什么印象？试从文中找出这些细微处加以分析。

2. 课下阅读回忆鲁迅先生的其他文章。

附推荐作品：唐弢《琐忆》，林语堂《悼鲁迅》，周作人《关于鲁迅》，郑振铎《永在的温情》，孙伏园《忆鲁迅先生》，许寿裳《鲁迅的游戏文章》。

【板书设计】

回忆鲁迅先生

萧红

感情的红线

清晰的画面

【教学反思】

萧红的这篇怀人散文名篇独具特色,内容涉及鲁迅的饮食起居、待人接物、读书写作和休闲娱乐等多方面,在内容上没有严格的逻辑顺序,材料与材料之间互不关联,形成某种断裂,有些片段即使倒置似乎也无碍于文章的连贯,这就表明,这是一篇非常情绪化的文章。学习这篇文章,课堂容易陷入散乱,也容易陷入平淡。

第一课时的学习至关重要。鲁迅先生是文学家、思想家、革命家,给我们的印象是深邃、沉重、严厉、倔强、勇毅的。在导入新课环节我采用诗词导入,他在《自题小像》中用"横眉冷对千夫指,俯首甘为孺子牛"来评价自己,这样就扣紧了文章的主题,用对比引起学生阅读兴趣,认识和普通人一样拥有喜怒哀乐的温和平易真实的鲁迅。课前平台预习作业要求简介作者和写作背景,学生的侧重点在简介作者及代表作品上,上课时我根据学生回答情况补充了鲁迅先生对萧红的帮助,有助于学生理解萧红对鲁迅的感情。

虽然布置了预习作业,要求学生用简短的词语概括文中生活场景,并思考刻画了鲁迅怎样的性格。学生概括得不够理想,原因是对课文熟悉不够和筛选信息的能力不够,需要经常做类似的练习提高学生快速筛选信息的能力,我也会督促学生阅读课文,让学生在课下将选择的精彩段落朗读并录音上传平台,为接下来的学习打下基础。

第二课时

一、情境导入

故事激趣导入:郁达夫去鲁迅家做客,鲁迅无比宠爱自己中年得来的儿子周海婴,他把鲁迅的书弄乱洒在地上到处都是,鲁迅却丝毫不生气,郁达夫表达了自己的想法。鲁迅后来就写了一首诗《答客诮》给郁达夫。诮,讥讽的意思,《答客诮》意思为回答客人的讥讽。"无情未必真豪杰,怜子如何不丈夫? 知否兴风狂啸者,回眸时看小於菟",冷酷无情未必就是真正的好汉,疼爱孩子的人为什么不是大丈夫! 你可知道山中的猛虎兴风狂啸,尚且频频回顾它心爱的小老虎。

二、文本深入

梳理各个片段,把握人物性格。

(一)待人

1. 对儿子——慈爱的父亲。

提问:文章中写了几件父子相处的事情? 可以看出鲁迅的什么性格特点?

明确:明朝会——主要介绍了鲁迅病重期间,父子日常问安时的一个小插曲,鲁迅面对儿子的喊叫,虽是病重发不出声音,不想儿子为自己担心,但还是尽全力来应答,可以看出他是一个慈爱的父亲。

吃鱼丸——细心、信任孩子、尊重孩子。

海婴的自豪——鲁迅病重,孩子天真活泼年幼无知,以父亲的药瓶为骄傲。读来让人心酸。此文笔法从容淡静,看似平静的表述下面流动着深沉的感情。

提问:课文还有哪些让你感动的地方?

学生回答。

(板书:慈爱的父亲)

2. 对亲人——爱。

看电影——看电影坐车时的谦让礼让。

提问:为什么爱家人的鲁迅在有人问他这样那样时说"你们自己学着做,若没有我呢"?

若没有我呢——对家人的担心和不舍,深沉的爱

(板书:可敬的长者)

3. 对朋友——热情。

两种纸烟——金钱克己。

提问:鲁迅先生是个非常珍惜时间的人,课文中哪些地方也可以看出来? 文中有与他的这种风格不一样的地方吗? 为什么他要这样做?

陪客人到深夜——牺牲休息时间。

工作到天明——时间克己——忘我工作。

(板书:热情的主人)

(二)待己——克己(板书:克己待人)

1. 对工作——坐着休息,珍惜时间。

对时间——走路轻捷,果断、雷厉风行。

教师补充:别人说鲁迅是天才,可他自己说:"哪里有天才? 我是把别人喝咖啡的工夫都用在工作上的。"(板书:敬业的伟人)

鲁迅是敬业的伟人,他是怎么对待娱乐的?

2. 对娱乐——公园印象。

提问:鲁迅是不是无趣的人呢?

笑声明朗——真诚乐观、开朗。

遇鬼踢鬼——幽默风趣。

(板书:幽默的智者)

提问:遇鬼踢鬼这个故事除了说明鲁迅不怕鬼和幽默的特点,还有别的深层含义吗?

明确:一个盗墓的假"鬼"给不怕鬼的鲁迅一踢,马上原形毕露,情节本身带有极强的启示性,需要通过踢一踢来警示某些"鬼",让他们懂得如何来做"人",这个意味深长的评述,应是针砭时弊的解剖,同时也表达了对鲁迅先生作为以纸笔为刀枪的精神战士的由衷敬佩。

品评衣着——审美情趣。

3. 对身体。

木刻画——对生命力的渴望。

病"好了"——带病坚持工作——坚强乐观。

(板书:坚强的病人)

鲁迅休息了——讳饰,不忍说——深沉哀思。

提问:文章叙写的都是日常小事甚至是细枝末节,语言也平实自然,如话家常,为何却能感人至深?

明确:看似漫不经心的背后是对鲁迅深刻的了解,貌似轻描淡写的内里是对鲁迅炽热的感情。

补充:运用白描手法,是文学表现手法之一,用朴素简练的文字描摹形象,不重辞藻修饰与渲染烘托。萧红的语言中就有白描的特点,平实自然又细腻明丽,把细节描写得生动真实和逼真传神。

　　小结:文章内容看似寻常甚至琐碎,心有所忆就落笔成文。文章语言细腻,貌似轻描淡写,萧红对鲁迅的尊敬、爱戴和怀念之情缓缓地流淌其中。这是萧红用心血谱写的一曲鲁迅先生的赞歌,也是一曲深沉凄丽的挽歌,可谓"琐事蕴含人物本色,琐记成就经典篇章"。希望大家能深刻领会,并能学习该文通过捕捉生活细节表现人物性格的写作方法,学习文章语言细腻的特点,还有细节描写的白描手法。

　　(板书:尊敬　爱戴　怀念)

三、生活引入

　　你身边有你尊敬爱戴的人吗? 你会怎么选择生活细节来刻画人物的性格?

四、布置作业

　　1. 积累鲁迅的名言名句。
　　2. 任选一篇写小作文:《有情的真豪杰鲁迅》或者写一位你熟悉的人。
　　要求:选取生活细节,运用白描的手法来表现人物性格。

【板书设计】

回忆鲁迅先生

萧红

克己待人 { 慈爱的父亲 / 可敬的长者 / 热情的主人 / 敬业的伟人 / 幽默的智者 / 坚强的病人 } 尊敬 爱戴 怀念

【教学反思】

　　本课语言别具特色,简短凝练,用白描手法刻画人物性格,给人以奇特生动的感受。结构看似散漫,却贯穿着作者对鲁迅深刻质朴的感情,随着一个个细节的展开沉郁而舒缓的感情散发出来。但也正是因为情绪化的行文特点,文章不重逻辑性,这样在教学中容易散乱无序。

为了克服这一问题,我对本节课进行了精心设计,主线贯穿。首先故事引入,激发学生学习兴趣。因为对孩子的宠爱鲁迅受到郁达夫当面讥诮,《答客诮》这首诗中"无情未必真豪杰,怜子如何不丈夫?"写出了鲁迅"怜子的有情",由此进入到对课文"待人"步骤中的"对儿子"环节的分析,由"明朝会""吃鱼丸""海婴的骄傲"的分析得出鲁迅是慈爱的父亲这一结论;接着是鲁迅对亲人和对朋友的分析,鲁迅对朋友热情待客,克己待人(两种纸烟),陪客人,常常半夜才开始写作。这样进行到"待己"步骤的分析,依次分析鲁迅对工作、对时间、对娱乐(对公园的看法)。用"鲁迅是一个无趣的人吗"又引出"鲁迅的笑声""遇鬼踢鬼""品评衣着"。用"幽默风趣并且有审美情趣的爱生活的鲁迅是怎样对待身体的"将分析过渡到"木刻画""鲁迅好了""鲁迅休息了"。至此,犹如一条主线将散落珍珠穿起,整篇课文的分析一气呵成。

"琐事蕴含人物本色,琐记成就经典篇章。"分析课文,先小组合作探究,然后选出最令人感动的细节,并简要分析上传学习平台上,教师筛选并引导分析有序进行。在分析的过程中学生有感情朗读细节,然后师生交流,充分发挥了教师为主导学生为主体的作用。

学生在分析中能领会文章通过捕捉生活细节表现人物性格的写作方法,学习文章语言细腻的特点,还有细节描写的白描手法。提高了阅读能力和独立解决问题的分析能力。希望学生能将所学运用到写作中去,全面提高语文核心素养。

第六节　《都江堰》教学实录

【教学目标】

1. 走近一段历史。

2. 学习一个人物。（教学重点）

3. 感受一种情怀。（教学难点）

【**德育目标**】感受民族精神,培养家国情怀。

【**教学方法**】"三入式"文本阅读教学法、小组合作探究法。

【**教学过程**】

一、情境导入

师:2008 年的汶川地区 8 级地震,给当地的古今建筑带来了毁灭性的灾难,但有一处位于重灾区的古代水利工程却依然保持完好,引起世界的惊叹。同学们知道是哪一个水利工程吗?

生:都江堰。

师:都江堰水利工程建于公元前 256 年,与之兴建时间大致相同的古埃及、古巴比伦的水利工程,和我国的郑国渠和灵渠,早都随着沧海的变迁和时间的推移,或淹没或失效了。只有都江堰沿用至今,坚不可摧,还在滋润着万亩良田。都江堰是迄今为止,世界上年代最久、古为今用、硕果仅存的奇观,在世界水利史上写下了最光辉的诗篇。

今天就让我们怀着崇敬之情,走近余秋雨先生的散文《都江堰》。

二、文本深入

(一)走近历史

师:在中华民族的历史长河里,我们的祖先用智慧和汗水建造了无数激动人心的工程。同学们能举几个例子吗?

生:长城、故宫、京杭大运河、秦始皇陵……

师:同学们知道得真不少,那么,哪一个是中国历史上最激动人心的工程?

(学生纷纷说出自己心目中最伟大的工程。)

师:中国历史上,最广为人知的重大工程是长城,被誉为世界七大奇迹之一。然而,作者却起笔突兀,他评价道:"我以为,中国历史上最激动人心的工程不是长城,而是都江堰。"为什么他会有这样的论断呢?

现在我们来看第一部分的前 3 段。请某某同学朗读 1、2 段,我来朗读第 3 段。其余同学边听边思考。等会儿我们要完成表格,看作者是怎样比较长城和都江堰,让人们认识到都江堰的伟大的。

师:文章从第3自然段开始,作者在修建时间、社会功用、形象特点、文明特点四个方面对长城和都江堰做了比较。

学生根据文章内容填表格。

从年代比较:就在秦始皇下令修长城的数十年前,四川平原上已经完成了一个了不起的工程。一查履历,长城还只是它的后辈。

从社会功用比较:长城的社会功用是? 抵御外敌,现在早已废弛不用。而都江堰呢? 至今还在为无数民众输送汩汩清流,永久性地灌溉着中华民族?

师:如何理解"永久性地灌溉着中华民族"?

生:从上下文找答案。"有了它……"

师:可以说,都江堰消弭了战国蜀地的水灾,成就了唐朝绝世的繁华,哺育了李白、陆游的川行华章,给了抗战军民一个安定的后方,至今灌溉着四川66.87万公顷的良田。

从形象特点比较:"万里长城""突兀在外",都江堰"细细浸润,节节延伸,延伸的距离并不比长城短""长城摆出一幅老资格等待人们的修缮",都江堰"却卑处一隅,像一位绝不炫耀、毫无所求的乡间母亲,只知贡献"。

从文明特点比较:"长城的文明是一种僵硬的雕塑",都江堰的"文明是一种灵动的生活"。

(二)走近都江堰

师:伟大的都江堰因为"卑处一隅,像一位绝不炫耀、毫无所求的乡间母亲,只知贡献",因为低调,却不为大家广知而推崇。

速读第二部分第1段,在见到都江堰前作者的心理是怎样的呢?

生:"心绪懒懒的,脚步散散的,在街上胡逛,一心只想看青城山。"

师:那么,见到都江堰后,站到伏龙馆前,作者心情怎样?

生:"终于陡然一惊,我已站在伏龙馆前。"

师:这是什么写法? 有什么作用?

生:欲扬先抑,将作者游都江堰前懒散的心态,与见到都江堰后的震撼形成对比,既突出了都江堰令人难以抗拒的魅力,又使文章波澜起伏。

师:不经意间,我们跟随作者被声响吸引到了都江堰的面前,看到了新的天地。

现在我们来看一段视频（观看第一段视频：CCTV 探索与发现频道都江堰介绍片段），感受都江堰的伟大和壮美。

很遗憾，这么壮美的景象，我没有亲眼见过。余秋雨见到了，就让我们通过他的生花妙笔，再次感受水的魅力，都江堰的魅力。

请同学们齐读第二部分第 3 段。找出其中的比喻句。

生：比喻句"水在这里，吃够了苦头也出足了风头，就像一大拨翻越各种障碍的马拉松健儿"。

师：大家还记得录像中的语句吗？在建造都江堰前，四川平原上岷江的水像什么？

生：脱缰的野马，岷江像脱缰的野马。

师：因为流向流量都极不稳定，会带来水灾和旱灾。修建都江堰后，这匹脱缰的野马被驯服了，成了听从指挥的"一大拨翻越各种障碍的马拉松健儿"，江水被"驯服"延续了多少年？

生："千年。"

师：人们胜利了，"把最强悍的生命付之于规整，付之于企盼"，昔日骇人的洪水，今日成了灌溉农田的水渠。

师："付之于规整"是什么意思？

生：使都江堰的流量、流向听从人的安排。

师："付之于企盼"呢？

生：是说治理洪水的人实现了老百姓的愿望，昔日害人的洪水，今日成了灌溉农田的水渠。

师：（课件出示）正如《史记》中所说，都江堰建成，使成都平原"水旱从人，不知饥馑，时无荒年，天下谓之'天府'也"。水旱听从人的指挥，饥：谷物不熟。馑：蔬菜不熟。饥馑指荒年，时无荒年，天下叫此处为"天府之国"，像神仙居住的地方。（略作解释）

（三）走近李冰

1. 李冰其人。

师：第二部分写了人对水的治理后，作者说："这一切，首先要归功于遥远得都看不出面影的李冰。"第三部分开头的这句话道出了作者的写作意图：写水又不止于写水,而是要写人,写李冰,李冰这个与都江堰密切相连的名字,值得我们永远记住。现在请同学们速读第三部分,给李冰制作一张名片。

师:看完了吗,我们一起填写一下。

姓名:李冰

职务:蜀郡守

业绩:筑建都江堰

政治含义:浚理、消灾、滋润、濡养

政治纲领:冰清玉洁

师:由李冰主持修建的都江堰水利工程,历来以布局的巧妙和设计的完美为世人所称道,李冰的"乘势利导,因时制宜"的治水哲学至今仍是水利工程的准则。

师:现在我们来看第二段视频(CCTV 探索与发现频道都江堰的巧妙设计片段),感受李冰设计的巧妙。

看完这段视频,我想他的名片在职务一栏应该再加上一个身份——水利学家,而且是杰出的水利学家。

师:在就任蜀郡守之前,李冰学过水利吗?

生:没学过水利。

师:那他是怎样成为一个杰出的水利学家的呢? 在哪儿学的?

生:以使命为学校。

师:他的使命是什么?

生:"既然四川最大的困扰是旱涝,那么四川的统治者必须成为水利专家。"

师:他以使命为学校,用了多长时间?

生:死钻几载。

师:他可是自学成才。(全班同学笑了)

师:李冰的画像很少,我就找到了这一幅。文中对李冰的外貌描写也很少,只有一处,请找出来。

生:有一尊石像头部已经残缺,手上还紧握着长锸。

师:什么是长锸?

生:挖土的工具,铁锹。

师:一个地方官,手里握的不是象征权利的权杖或官玺,而是一把长锸,脚踏实地,和百姓一起建造都江堰。"长锸"这个词在文中再次出现了,大家找到了吗?

生:李冰手握长锸,守候都江堰。李冰的儿子也和他一样手握长锸。千年之后,他们的石像还手握长锸。

师:这个长锸仅仅意味着是一个农具吗?还象征什么?

生:它象征着贴近苍生、造福人民的精神。(板书)

师:读到这儿,李冰的形象在我们心中逐渐清晰起来了。

2. 深入探究。

师:请翻到 84 页,齐读第三部分最后一段。

(1)如何理解"只要都江堰不坍,李冰的精魂就不会消散,李冰的儿子会代代繁衍"?

师:李冰的精魂指什么?

生:贴近苍生、造福人民的精神。

师:如何理解李冰的儿子会代代繁衍?

生:这种精神代代相传。

师:李冰的功绩,李冰造福人民的精神永远记在四川人民心中。

(2)师:速读第四部分,看四川人民是怎样纪念李冰的?

生:"建二王庙祭祀李冰,傩戏中水神河伯换成了李冰",李冰被人们推崇为神。

师:人们拜神的目的是祈福。而神是虚妄的,并不能给人们带来福祉。李冰却切切实实为百姓造福,这样的父母官被百姓推崇为神,成为百姓真正的精神支柱。

师:课文中描写的二王庙里的李冰、傩戏中的李冰和传说中的神仙有何区别?

生:传说中的神仙是严肃的高高在上的,人们见了神仙,下跪叩首;二王庙中的李冰,通情达理平适可亲;傩戏中的李冰比二王庙中的李冰活跃,李冰活跃亲民。

师:人们感谢李冰父子贴近苍生、造福人民,他的形象在人们心中有着神的威望,又有着父母官的温度,李冰的形象在中国历史上有着特殊的光芒。

其实啊,虽然李冰有着如此高贵的精神和巨大的功勋,但史书上对他的记载却着墨不多,多亏余秋雨先生掀开尘封的记忆,李冰重新走进我们的视野。

(四)走近作者

师:现在我们来认识作者,请一位同学简要介绍。

(教师补充)余秋雨先生早年担任上海戏剧学院院长,官至正厅。6 年后他辞去官职,背负行囊,跋山涉水,追寻历史的踪迹,追寻先贤的脚步,进行了长达20 余年的文化苦旅。余秋雨不是普通的背包客,《文化苦旅》等一系列文化散文集,虽为山水游记,但作者并没有停留在"游山玩水"的普通层面,他自己在《文化苦旅》自序中说:"我发现自己特别想去的地方,总是古代文化和文人留下较深脚印的所在,说明我心底的山水并不完全是自然山水而是一种人文山水。"

作为一位有使命感的文化学者,余秋雨在感悟山水的过程中,引导读者观照历史,反思传统文化,构建人文精神。这是他创作的根本目的。

在课下我布置同学们阅读《文化苦旅》,有两位同学已经读完了这本书,他们从中选取了给他们留下深刻印象的文章想和大家分享。

学生用课件展示的形式介绍《文化苦旅》中《巴金百年》和《杭州宣言》。

师:在《文化苦旅》的探寻过程中,余秋雨发现我国的先贤们总是对人民有着历史使命感。可以这样说,从战国时代的李冰,到唐代的白居易,到宋代的苏轼,到现代的巴金,到当代的余秋雨,他们都有着同样的家国情怀。

三、生活引入

师:从这篇课文中你学到了什么?

生:学到了李冰贴近苍生、造福人民的精神,余秋雨的历史使命感。

师:这也是我们今天学习《都江堰》的目的,我们不仅要感受文字之美,更要学习作为一个知识分子的情怀和担当。咱们 3+4 班级的同学们也算是小知识分子了,希望同学们能多一些使命感,多一些情怀。

(小结、板书)这节课我们回到了邈远的历史(板书:史),见证了都江堰的伟大(板书:水),感受到李冰的精神(板书:人),更感受到家国情怀(板书:情怀),希望同学们心怀祖国,乐于担当,这样,我们就不辜负历史,不辜负自己,更不会辜负未来！

四、布置作业

师：今天作业有两个：一是根据课文内容，制作两个读书卡片——李冰、都江堰；二是课下阅读余秋雨《文化苦旅》《山居笔记》《千年一叹》这一系列文化散文中的一本，精选一篇制成 PPT，准备在阅读课上向大家介绍、交流。

【板书设计】

都江堰

余秋雨

史——水——人——情怀

贴近苍生、造福人民

第七节　《我的四季》说课稿

大家好！我说课的题目是《我的四季》，现就教材分析、学情分析、教法学法、教学过程以及板书设计几方面加以说明。

【教材分析】

新课标要求要引导学生"阅读各种优秀作品，体会其丰富内涵，加深和拓宽对自然、社会、人生等问题的思考和认识"。张洁的《我的四季》是省编教材第三单元的一篇散文，作者把自己藏匿在一个虚拟的农夫形象的背后，大自然变换着的四季象征人的一生，张洁用农夫式的劳作和收获、期望和失望、欢乐和痛苦，叙写了为事业而奋斗过程中所感受到的一切，即生命的劳作、艰辛、期待和收获。这个单元的单元话题是"弹奏生命的乐章"，旨在通过学习，引导学生懂得生命的价值，树立正确的人生观、价值观。

【学情分析】

我的授课对象为珠宝专业学生，他们思维敏捷、个性张扬，有朦胧的情感体验,乐于展现自我。但部分学生缺少对人生的理性思考,理解并探究本课的"生命"主题,恰好弥补其不足。我在授课中注重激发学生的学习兴趣,让其参与到活动体验中来,提高学生语文审美能力和探究能力,帮助学生掌握文章内涵,为终生学习打下良好的基础。

【教学目标】

基于教材特点和学生情况,拟定目标如下。

1. 诵读文本,体会生命四季的含义,提高文本阅读感知能力。

2. 赏析语言,体会语言的哲理性。

3. 感悟生命,树立正确的人生观、价值观。

【教学重点】体会生命四季的含义。

【教学难点】体会语言的哲理性。

突破途径:以朗读、研读、品读深化个性体验,以讨论探究拓展思维深度。

【教学方法】

教法:我采用青岛职教语文"三入式"文本阅读教学法进行教学,引导学生把握重点、解决难点。所谓"三入式"有两层意思:其一,课堂结构分为三部分,情境导入—文本深入—生活引入;其二,课堂教学有三点要求:入眼—入脑—入心。

学法:1. 诵读法。课文感情充沛,语言优美,节奏鲜明,适合学生诵读。因此,学习该文要引导学生反复诵读,在诵读中体味领悟作者表达的思想感情,并体会文章的语言美、句式美、韵律美。

2. 合作探究法。学生具备一定的知识积累,具有查找运用资料和多角度观察生活的能力,经过平时的训练他们能够进行小组合作,对课上遇到的问题进行探究。因此鼓励合作探究,培养学生自主学习、继续学习的能力。

【教学手段】多媒体辅助教学。

【课前准备】

课前下发预习学案,引导学生了解作者,了解课文内容,提出疑问,课上进行探究式学习。

【教学过程】

一、情境导入：大自然的四季

设置情境：通过诗句和有美感的画面，营造美境，激发学生的学习兴趣，积极投入到课堂活动中来。

首先，让学生进行"飞花令"，说出有春、夏、秋、冬几个字的诗句。如春——"好雨知时节，当春乃发生""不知细叶谁裁出，二月春风似剪刀"；夏——"仲夏苦夜短，开轩纳微凉"；秋——"窗含西岭千秋雪，门泊东吴万里船"；冬——"隆冬到来时，百花即已绝"。

接着，教师播放音乐《四季歌》，出示春夏秋冬风景图片。

然后，导入新课：同学们，四季是大自然对人类的馈赠，也是无数文人墨客书写的对象，大自然的四季各有各的美。四季轮回，而生命却只有一次，只有一次的生命你打算怎样度过？今天，来学习张洁的抒情散文《我的四季》，来看看作者怎样解读人生四季，又给我们怎样的启示。

设计意图：这样，明确课文的中心问题，为阅读文本指明方向。

下面进入第二个环节。

二、文本深入

第一步：感知"农夫的四季"

解题：我的身份是什么？（农夫）运用了什么写作手法？（运用象征的手法）把"我"比作农夫，把一生比做四季的春夏秋冬，那么春夏秋冬各寓意着人生的哪个阶段？

学生听课文录音，边听边正音，初步感知文本。

明确：各寓意着人生的少年、青年、中年、老年

快速浏览课文，仿照对春天特点的概括，写出其他三个季节的特点。（板书）

春天——少年、播种人生
夏天——青年、耕耘人生

秋天——中年、收获人生

冬天——老年、反思人生

第二步：感受"农夫的四季"

师：作者笔下的四季是与众不同的，所呈现出来的异样的美来源于作者对生命独特的认知，研读以下问题，小组合作探究：

（1）生命的春天里，"我"是怎样过的？是什么样的动力使他咬紧牙，面对不毛之地奋力以赴的？

（2）夏季里，遭遇了许多磨难，"我"又是以怎样的姿态面对的？

（3）秋季，作者的心态里，你认为哪一点最可贵？

（4）冬季，为什么说哀叹和绝望的绝不会是我？

教师设疑：贯穿于作者生命四季的主线是什么？

学生分组讨论、交流。（是生命不止，奋斗不息的高贵情操。）

至此，体会了生命四季的含义，突破了教学重点。

感受四季的含义后，共赏佳句感受农夫四季的哲理。

教师引导：作者认为生命有如四季，四季如同生命的轨迹，课文作者以诗样的语言，富有哲理性的表述，将生命之美，即使是苦难也都以美的形式呈现在我们面前。

诵读课文，画出作者人生感悟的句子，加入自己的理解和感悟，饱含感情读一读。

教师示例，学生读美句。

（1）第 4 自然段："人要是充满期待，就能够全力以赴。"那么同学们，在人生的春季里，你期待什么？（学生结合自己的现实生活，谈自己的体验。）

（2）"真的，那并非不能，真正让人痛心的恰恰就是并非不能。"

教师激趣：在现实生活中，有这样的感受吗？说一说类似的事情都有哪一些。（学生结合自己的亲身经历，谈谈感受。）

（3）生命对于每一个人都只有一次，作者在文章最后说"再也没有人能纠正以往的过错，下一个四季，将属于另一个生命"，你怎样理解这句话？

（本环节在引导学生梳理文本思路的基础上，先初读理线，后细读来寻线，找到每一部分中最富有亮点的语句，从而对文章有一个更为深入的理解，突破本节课的教学难点:体会语言的哲理性。)

第三步:感受张洁的四季

我们读了《我的四季》后,不禁被作者对生活的独特感悟而折服,这是怎样的一个作家呢?

出示作者的简介:

第一张 PPT——当代女作家,1937 年生于北京,幼年丧父,跟随母姓。生活艰难,经历坎坷。

第二张 PPT——她作品颇丰,成绩斐然,是迄今为止全国唯一荣获两届茅盾文学奖的作家。全国唯一获得短篇、中篇、长篇小说三项国家奖的作家。

第三张 PPT——第一篇小说获奖时已经 41 岁,68 岁时,张洁还以《无字》获得了茅盾文学奖,时至今日,高龄的张洁仍笔耕不辍,她说:"写作是我生命的存在方式。"张洁出门会把一个 U 盘当项链一样挂在脖子上,她说出门时,担心家里会失火失窃,于是把电脑里写好的文字存到 U 盘里,"身家性命都带在身上"。

教师评价:她用自己的人生诠释了生命不息奋斗不止。

下面进入第三个环节。

三、生活引入,感悟我的四季

出示柳青的名言:人生的道路虽然漫长,但紧要处常常只有几步,特别是当人年轻的时候。

启发学生思考:在生命的春天里,你准备播种什么? 在秋天,你又准备收获什么?

(设计意图:本课的设计是从大自然的四季到课文农夫的四季,再到张洁的四季,最后到学生自己的人生四季,体验性学习的关键是体验和反思,通过自我反思和总结,让学生实现自我领悟,从而完成本节课的德育渗透。)

第四个环节是布置作业。

1. 抄写课文中哲理性的句子。

2. 赠人生箴言:仿写文中富有哲理性的句子,写几句自己的人生感悟,把它作为箴言赠给同学或朋友。

【板书设计】

我的四季

张洁

$$
\left.\begin{array}{l}
\text{春天——少年\quad 播种人生} \\
\text{夏天——青年\quad 耕耘人生} \\
\text{秋天——中年\quad 收获人生} \\
\text{冬天——老年\quad 反思人生}
\end{array}\right\}
\begin{array}{l}
\text{生命不息} \\
\text{奋斗不止}
\end{array}
$$

第八节 《青春》说课稿

大家好！我说课的题目是《青春》，现就教材分析、教学方法、教学过程以及板书设计几方面加以说明。

【教学理念】

根据中职语文教学大纲"通过对文学作品的阅读，提高学生的语文素养，并在阅读赏析过程中逐步理解作品的人文内涵"这一要求，加之新课程目标中又特别强调了语文教学工具性与人文性的高度统一原则，这就要求教师课堂教学的组织必须重视学生的参与性，突出学生的主体地位。教学文本的多元化解读和个性化阅读也日益凸显出了重要地位。

【教材分析】

《青春》是人教版省编中职语文教材第一册第一单元的自读篇目，单元话题为"放歌如火的青春"。《青春》是一篇抒情散文，作者从外在形貌与内在精神两方面着笔，指出青年是透明的、清洁的、爱美的、没有年龄之分和美丑之别的，更重要的是他们具有旺盛的精力、无穷的创造力和不可限量的未来。作者满含深情，对青年既有细腻的描摹，又有激情的赞美，同时还有谆谆的告诫。

【学情分析】

高一学生，能够有自己独立的见解，有朦胧的情感体验，乐于展现自我。但主动学习能力差。新大纲要求，要引导学生"阅读各种优秀作品，体会其丰富内涵，加深和拓宽对自然、社会、人生等问题的思考和认识"，因此我在授课中注重激发学生的学习兴趣，提高学生的语文应用能力、语文审美能力和语文探究能力，帮助学生轻松掌握知识，为终生学习打下良好的基础。

基于教材特点和学生情况，拟定教学目标如下：

1. 学习课文结构、语言等方面的写作特点。

2. 感受作者笔下青春的美。

3. 提高学生阅读理解抒情散文的能力。

【教学重点】指导学生欣赏感悟作者笔下青春的美。

【教学难点】理清文章思路，理解文中重要句子的意思。

教学重难点突破途径——以反复研读深化个性体验，以讨论探究拓展思维深度。

【教学方法】

教法：我采用了青岛职教语文"三入式"文本阅读教学法进行教学，引导学生把握重点、解决难点。所谓"三入式"有两层意思：其一，课堂结构分为三部分，情境导入—文本深入—生活引入；其二，课堂教学有三点要求，入眼—入脑—入心。

学法：学生具备一定的知识积累，具有查找运用资料和多角度观察生活的能力，经过平时的训练他们能够进行小组合作，对课上遇到的问题进行探究。因此鼓励合作探究，培养学生自主学习、继续学习的能力。

【课时安排】一课时。

【教学过程】

一、情境导入

播放电影《致青春》《合伙人》《小时代》片段。

教师：青春是永恒的话题。

二、文本深入

(一)速读感知

给每一部分写小标题

1. 春天。

2. 青春的美好。

3. 对青年的忠告。

(二)细读赏析

1. 第一部分。

(教师范读第一部分,第二部分学生读,第三部分齐读。)

思考:写青春为什么先写春天?

2. 第二部分:找出关键句、中心句,筛选信息。

解决问题:青春的特点是什么?

3. 找出你喜欢的句子并赏析。

(1)方法:先读原文,再分析文句,说出喜欢的理由,可以从修辞方法、遣词造句、立意等方面分析。

教师示范:第二部分第 1 段。

教师先范读后分析:采用了比喻、排比的修辞方法。

重点词语:喻体有太阳,长河,烈火,乳虎,新驹。修饰词有初升,才发源,能燃烧世界也能燃烧自己,目射神光、长啸生风、初下山、奋鬣扬蹄、控制不住。

举例,《十八岁和其他》中的小公鸡、幼鹰、新长的桉树,《我很重要》中的不可重复的孤本、沙漠中的古陶。

(2)学生分析,教师点拨。

(3)仿写:比喻修辞,抓住本体的特点,选择合适的喻体和巧妙恰当的修饰词。

三、生活引入

谈一谈,你将如何度过你的青春? 师生讨论得出结论:只有付出努力,才会青春无悔。齐诵:

"故今日之责任,不在他人,而全在我少年。少年智则国智,少年富则国富,少年强则国强,少年独立则国独立,少年自由则国自由,少年进步则国进步,少年胜于欧洲则国胜于欧洲,少年雄于地球则国雄于地球。"(梁启超《少年中国说》)

四、布置作业

小作文:《我的青春这样度过》。

【板书设计】

青春

苏雪林

春天
青春的美好
对青年的忠告

第五章 走进小说的世界

第一节 《林黛玉进贾府》教学札记

《林黛玉进贾府》选自人教版山东省中职语文教材第一册第四单元,是《红楼梦》第三回的节选部分。《红楼梦》作为一部伟大的现实主义文学名著,它的艺术成就不仅达到了中国古典文学史上的高峰,而且在世界文学史上占有重要的地位。《林黛玉进贾府》在《红楼梦》中又起着十分重要的作用,它围绕林黛玉进贾府这一事件,以林黛玉进贾府的行踪为线索,通过林黛玉的耳闻、目睹、心感介绍了贾府的一大批主要人物,展示了主要人物的性格特征,也初步展现了贾府的自然环境和社会环境。正是因为这篇课文的重要性,学好这篇课文就尤其重要。但由于这篇课文的生字比较多,仅课下注释中就有20处之多,又受阅读量的限制,学生对这篇文章的学习感到困难,对它并不感兴趣。鉴于此种情况,我在教学中大胆地进行了尝试,取得了良好的教学效果。

一、制定明确而恰当的教学目标

根据大纲要求,我认为,作为长篇小说的节选部分,欣赏小说的重点是分析人物形象。针对学生常常苦于作文中描写人物无从下笔,塑造的人物枯燥无味的情况,我既重视分析人物形象,又重视分析描写人物的方法,看作者运用了哪些方法塑造人物形象,取得了怎样的艺术效果。制定了明确而恰当的教学目标。争取通过这节课的学习,学生在阅读、写作方面都能有所得。

教学目标如下:

1. 通过分析王熙凤、林黛玉、贾宝玉三个人物形象,引导学生掌握人物描写

的方法。(教学重点)

2. 通过阅读、讨论、表演等方式,提高学生欣赏小说的能力。(教学难点)

二、采用以读为主、灵活多样的教学方法

整节课,我采用阅读分析法,使学生在熟读课文的基础上分析人物形象,对三个重点人物,也不是平均用力的。因为王熙凤是第一个分析的人物,所以以教师引导点拨为主,采用师生共同讨论的方法。有了分析王熙凤做基础,分析林黛玉我放手给学生,由学生仿照分析王熙凤的方法自主分析。因为贾宝玉动作性比较强,采用学生表演后学生再分析的方法。通过品读、研读、精读、细读、最后重读课文,同时还辅以表演课本剧的方法,使学生做到多角度、多方位地立体鉴赏,准确地把握人物形象。这样,既分析了人物形象,又提高了学生阅读、欣赏小说的能力,在解决本课教学重点的同时也攻克了教学难点。

三、利用语文活动,帮助学生理解课文

学生的阅读量太少,如果贸然地直接分析人物,学生往往会不知所云。因此,我提前布置了阅读,在新授前,我利用3分钟进行语文活动,让语文基础好的学生以故事的形式讲述《红楼梦》前四回内容梗概。要求学生重点讲清楚与本课有关的内容,讲述要确实起到帮助大家理解课文的作用,为本课分析人物作铺垫。采用学生讲、学生评议、教师点拨的方法。学生经过这次语文活动,对《红楼梦》有了整体的了解,也为学好本课打下了很好的基础。

四、巧妙组合媒体,创设教学情境,增强学生对文章的感知和理解

新授的第一个环节是播放录像,听《红楼梦》插曲,目的是创设情境。我这样设计导语:"《红楼梦》作为一部优秀的文学作品,它也同中国其他小说和戏剧作品一样,十分重视人物的第一次登场亮相,通过外貌、语言、动作等描写初步显示人物性格,给人初次但难以忘怀的印象。林黛玉进贾府就是通过林黛玉的耳闻目睹,第一次描写了贾府的环境和贾府的一些主要人物。"随着优美深情的歌声"开辟鸿蒙,谁为情种……",贾宝玉、林黛玉等人物图片相继出示,这样激起了学生认识、了解人物的渴望。

分析王熙凤的形象后,我播放了有关王熙凤的影视剧录像,印证学生对人物形象的分析,加深对人物形象的进一步理解。演员邓婕塑造的王熙凤的形象是比较成功的,录像之所以在分析完王熙凤后再播放,就是不想让学生有先入为主的概念认为王熙凤就是邓婕,先分析再播放录像,这样做不扼杀学生的想象力,不缩小他们的想象空间,使他们能体味出语言的妙处,语言是怎样使一个人栩栩如生地呈现在读者眼前的。

五、调动学生的知识储备,解决课程的教学重点

有关王熙凤的描写集中在第5、6两段,分为4个层次,依次是:写出场、绘肖像、见黛玉、回王夫人。我注意引发学生的想象,运用比较的方法,调动学生的知识储备,来分析人物的性格,解决课程的教学重点。

分析"写出场",通过和《故乡》中杨二嫂的出场比较分析,教师提问:想一想,我们学过的哪篇文章中人物出场也是未见其人先闻其声的?这种出场方式表现了人物什么性格特点?从而得出结论:写出场刻画了王熙凤性格泼辣的特点。

分析"绘肖像",通过结合不同的绘画方法分析人物性格。教师提问:读了有关王熙凤的肖像描写,如果要你来画一幅王熙凤的肖像,你打算采用什么画法?是工笔还是写意?是油画还是国画?回答是浓墨重彩的油画,只有通过这种画法,才能画出王熙凤满身的珠光宝气、贪婪俗气与美丽刁钻。

分析"见黛玉",通过和《变色龙》中奥楚蔑洛夫的形象比较分析,教师提问:这一层描写了王熙凤见黛玉的言谈举止的变化,反映了她内心世界的变化,王熙凤如同中国的"变色龙",那么,①王熙凤共有几次感情变化?为什么而变化?②采用什么描写方法?塑造了人物什么特点?这样就抓住了王熙凤的"善变",总结出她的性格特点是:机变逢迎。

分析"回王夫人",主要抓住"第二次问话"的作用分析,给黛玉找缎子这件事既显示了王熙凤对黛玉的关心,讨好了贾母,又顺应了王夫人的心意,可以看出王熙凤是多么的精明能干。

这样,顺利地分析了王熙凤的性格特点,也为接下来分析林黛玉、贾宝玉打下了基础。

六、实施研究性学习,培养学生自主学习能力

有关王熙凤、林黛玉、贾宝玉的描写方法,基本都采用了外貌、语言、动作描写的方法,采用了正面、侧面描写结合的方法。在有限的时间内,如果面面俱到地分析,也就等于没有重点。分析描写王熙凤的方法,因为是第一个分析的人物,我比较详细地分析。分析描写林黛玉的方法,其中,外貌、语言、动作描写,学生一般很快就能说出来,恰是最重要的关于林黛玉的心理描写的分析就需要教师的点拨,教师可设置这样的问题来启发:林黛玉由于丧母来到外婆家,过去常听她母亲说"外祖母家与别家不同",今至其家,"步步留心,时时在意,不肯轻易多说一句话,多行一步路,唯恐被人耻笑了他去",请在课文中找出紧扣住"不肯轻易多说一句话,多行一步路"的描写。这样,我采用了"设疑探讨法"组织学生进行研究性学习。学生阅读的目的就成了找黛玉"不肯轻易多说一句话"的语言描写和不肯"多行一步路"的动作描写了。我进一步提示:"关于对读何书的回答,黛玉回答贾母和回答宝玉有何不同? 为什么?"或者:"黛玉在王夫人处和贾母处是怎样选择座位的?"还可以大胆假设:"如果你是黛玉,要辞谢邢夫人留饭时,会怎样说?"从而使学生理解黛玉的心理变化,体味心理描写的妙处。分析描写贾宝玉的方法,主要分析正、侧面描写的内容。教师提问:"课文有关贾宝玉的描写集中在第 10、11、13、14 段,宝玉第 13 段才正式出场,请问,第 10、11 段是不是多余的? 第 10、11 段用什么描写方法? 第 13、14 段采用什么描写方法?"这种组织学生自主探索、求知的方法,与那种直接把答案交给学生的教法是不能相提并论的。

七、分层次布置作业,激发学生阅读原著的兴趣

1. 用 300 字左右写一个你最熟悉的人物,先观察并明确人物性格特点,然后采用适当的描写方法来塑造人物性格。

2. 短评:一个你最喜欢的《红楼梦》中的人物。

要求:①300 字左右;②能自圆其说。

第一个作业,因为难度低,又是对本课教学效果的检测,要求全班按时完成。第二个作业可以根据学生实际,留一段时间来完成。主要针对爱好文学的

学生设计的,鼓励他们不要仅仅局限于通过影视作品了解文学名著,虽然通过影视作品了解名著比较直接,也省时省力,但因为经过了编导和演员的再创造,其中高低优劣,不读原著是没有发言权的。

经过这节课的讲授,我完成大纲的要求,培养了学生欣赏小说的能力,更主要的是培养了学生阅读的兴趣。我想,语文课的魅力也就在此了。

第二节 《项链》教学设计

【教学目标】

1. 赏读文本,把握玛蒂尔德的人物形象。

2. 品味文学,揣摩性格决定命运的哲理。

3. 感悟生活,思考幸福的真正内涵。

【教学重点】 把握小说情节和人物性格。

【教学难点】 感悟人生的复杂多味,思考幸福的真正内涵。

【教学方法】 "三入式"文本阅读教学法、小组合作探究法

【教学手段】 多媒体辅助教学。

【课时安排】 共两课时,本课为第一课时。

【课前准备】 阅读小说,了解作者。

【教学过程】

一、情境导入

1. 教师讲述莫泊桑另一篇小说《珠宝》导入新课。

教师:今天我们来认识一位同样美丽的、没有显赫家世的姑娘,由一串项链引发的故事。

2. 简介作者。

请一名同学根据预习,简介作者。

莫泊桑,19世纪末法国批判现实主义作家,"短篇小说之王",代表作有《羊脂球》《项链》《我的叔叔于勒》,小说特点是描摹人情世态、揭示人性弱点、构思别具匠心。

二、文本深入

(一)梳理故事情节

提问:《项链》的原题是《首饰》,后来选入课本时才更名为《项链》。从题目我们可以看出项链是文章的线索,那么围绕项链作者都写了什么呢?

学生回答后明确:借项链—丢项链—赔项链—识项链。

(二)初识人物

学生齐读前两段。

教师提问:为什么开头说"她也是一个美丽动人的姑娘",不说"她是一个美丽动人的姑娘"?(分析"也"字的含义。)

学生回答后明确:首先,说明玛蒂尔德并不是特别美,美丽的姑娘很多;其次,说明在19世纪的法国,女人仅有美貌是不够的,如果没有显赫的家世,丰厚的陪嫁,再美丽的女子也嫁不到上流社会。(从而让学生认识到玛蒂尔德过于天真幼稚,对社会缺乏正确的认识。)

(三)再读人物

教师引出三个导读题,引导学生思考:

1. 在玛蒂尔德的心目中,她一生中最幸福的时刻是在什么时候?
2. 玛蒂尔德的虚荣心还表现在哪些方面?
3. 玛蒂尔德为自己的虚荣心付出了怎样的代价?

要求学生跳读课文,分成三个小组合作探究,每组完成一个问题。

第一个问题明确:"她狂热地兴奋地跳舞。沉迷在欢乐里什么都不想了,她陶醉于自己的美貌胜过一切女宾,陶醉于成功的光荣,陶醉在人们对她的赞美和羡妒所形成的幸福的云雾里,陶醉在妇女们所认为最美满最甜蜜的胜利里。"

第二个问题:

提问:学生快速浏览小说的序幕部分,并指出描写现实生活和梦想的句子,进而说说这些描写表现了玛蒂尔德怎样的性格?(序幕中的七个"梦想")

现实	梦想
身世生于小职员之家	贵妇人
只得嫁给小书记	
住宅寒伧　墙壁黯淡	幽静的厅堂、宽敞的客厅
家具破旧　衣料粗陋	华美而香气扑鼻的小客室
家境　桌布三天没洗	精美的晚餐亮晶晶的银器
喝一般的肉汤	盛在名贵盘碟里的佳肴
用廉价的女佣	最亲密仰慕的男子闲谈

点拨:现实和梦想的矛盾,现实的黯淡清贫和梦想的高雅奢华形成了鲜明的对比,这是玛蒂尔德所有痛苦的根源。小说写她的梦想,非常地狂热,其实这些梦想可以用一句话来概括,就是她梦想过贵妇人的生活,锦衣玉食,养尊处优,所以这是一个爱慕虚荣的女人。

第三个问题明确:"这样的生活继续了十年,第十年年底,债都还清了……路瓦栽夫人现在显得老了,她成了一个穷苦人家的粗壮耐劳的妇女了……"

通过学生分组解读,学生认识到女主人公的命运遭遇都是项链惹的祸,玛蒂尔德的悲剧在于她的虚荣心。

课件展示名言:

虚荣心很难说是一种恶行,然而一切恶行都围绕虚荣心而生,都不过是满足虚荣心的手段。——(法)柏格森

思考:玛蒂尔德从美丽动人到粗壮耐劳,究竟是什么原因导致了玛蒂尔德的悲剧命运呢?

点拨:应该是丢项链。但是任何事物的发展,有外因也有内因。这个内因就是玛蒂尔德的性格,也就是我们经常所说的"性格决定命运"。

(四)三读人物

包括教师范读、教师质疑、学生解疑三个环节。

1. 教师范读 114 页第 2 段:女主人公自己感叹"人生是多么奇怪,多么变幻无常啊,一件小的事可以败坏你,也可以成全你"。

2. 教师质疑,学生思考:

(1)要是早知道项链是假的,玛蒂尔德就不会吃那么多苦,遭那么多罪了。其实,女主人公本来有机会得知真相,文中有没有这样的暗示? 在哪里?

(2)女主人公为什么没有发现这些细节,这些细节预示着什么?

3. 学生跳读课文,答疑。

找出第一个问题文中的四处暗示:

借项链时,佛来思节夫人取出一个大匣子:"挑吧,亲爱的……"

选项链时,向佛来思节夫人借,说"当然可以"。

四处买项链时,珠宝店老板说"我只卖出去这个盒子"。

玛蒂尔德去还项链时,佛来思节夫人"竟没有打开盒子看"。

(此环节让学生引导学生找出文中的伏笔,体会到作者构思的巧妙。)

学生小组探究,解答第二个问题:女主人公之所以没有发现这些细节,一是在借项链和选项链时被虚荣心冲昏了头脑;二是在买项链和换项链时,个性的天真简单使然,从而认识到——性格决定命运。

(通过师生共同讨论这两个问题,进一步让学生认识到正是女主人公爱慕虚荣、天真幼稚的个性导致了她的悲剧。看似偶然,实则必然。)

(五)四读人物

1. 分角色朗读最后一部分。

2. 教师质疑:她为什么要去告诉佛来思节夫人丢项链和赔项链的事? 你能揣摩出她当时的心理吗?

教师引导学生将玛蒂尔德与《珠宝》中的郎丹太太相比较,并补充同一时期其他作家塑造的女性形象——《包法利夫人》中的包法利夫人、《高老头》中的两个女儿。通过比较赏析同一文化背景下的不同女性形象,使学生进一步认识到玛蒂尔德在遭到命运的沉重打击,从梦中醒来后所表现出来的勇气、坚强和做人的尊严,对其产生悲悯情和共情心,从而把握作者的创作意图,完成对不同文化的理解。

三、生活引入

思考:玛蒂尔德向往着幸福,却走向了苦难,我们可以从她的人生经历中吸取哪些经验和教训呢?

学生思考后回答,师生讨论得出结论:幸福不是得到你想要的一切,而是享受你所拥有的一切。

四、布置作业

1. 课外拓展阅读莫泊桑的短篇小说《羊脂球》《珠宝》等。
2. 续写《项链》。

【板书设计】

项 链

莫泊桑

线索:项链

情节:借项链——丢项链——赔项链——识项链

第三节 《一碗清汤荞麦面》教学设计

【教学目标】

1. 速读梳理,感知故事情节。
2. 研读赏析,感悟人物品格。
3. 品读人生,学习不屈精神。

【教学重点】感悟人物品格,学习不屈精神。

【教学难点】感悟人物品格,学习不屈精神。

【教学方法】"三入式"文本阅读教学法、小组合作探究法。

【**教学手段**】多媒体辅助教学。

【**教学过程**】

一、情境导入

同学们知道三星集团吗？1997 年,受亚洲金融风暴的冲击,三星的产业状况跌入低谷,月亏损达 1700 亿韩元。在此紧要关头,三星集团会长李健熙请副会长尹钟龙面向 45000 名员工朗读《一碗清汤荞麦面》一书,号召员工学习书中母子三人面对逆境坚忍不拔的精神,团结一致,渡过难关。不到 10 分钟,台下已是唏嘘一片……人们从这个小故事中受到了莫大的鼓舞和感召。2003 年三星集团营业额约 965 亿美元,品牌价值高达 108.5 亿美元,在世界百大品牌中排名第 25 位,连续两年成为成长最快的品牌。2004 年,三星盈利 104 亿美元,创公司 35 年来的纪录。是什么样的故事具有这样震撼人心的力量呢？就是今天我们要学习的《一碗清汤荞麦面》。

二、文本深入

(一)检查预习

1. 出示学习目标。

2. 识记生字。

3. 作家作品简介。

(二)速读课文,感知情节

1. 用简洁的语言概括小说内容。按照这种句式:什么人在什么时间、什么地点做了什么事。

2. 跳读课文,把母亲四次要面时的语言描写和神态描写圈画出来。

……唔……清汤荞麦面……一碗……可以吗？	怯生生
……唔……一碗清汤荞麦面……可以吗？	怯生生
……唔……两碗清汤荞麦面……可以吗？	怯生生
唔……三碗清汤荞麦面,可以吗？	平静

3. 朗读体味,比较母亲四次要面的异同之处。

(1)一生朗读,注意语气的不同。

(2)指名学生说说这四次要面的语气、神态与面量的不同。

(三)研读文段,感悟人物品格

1. 请同学们翻到 100 页,找到第 43～62 段,这是第三次吃面最精彩的段落。四名同学分角色朗读,其他同学思考:

(1)他们家庭遇到了怎样的困难?

(2)为了还债,母子三人各自做了哪些努力?

2. 学生回答问题,得出结论。

母子三人互相爱护,互相体谅,齐心协力,坚韧顽强地战胜了困难,渡过了难关。

3. 深入探究:手头拮据的母亲为什么要在大年夜带孩子到北海亭面馆吃一碗面?

正是母亲对孩子的挚爱,才使她拥有非凡的勇气;正是母亲对生活的热爱,才使如此坚强和乐观。一碗清汤荞麦面承载着母亲的爱,一碗清汤荞麦面传递着母亲的勇气与信心,使一家人坚忍顽强,互爱互谅,最终走向光明的未来,走向幸福的生活。

三、生活引入

母子三人不仅是三星集团学习的榜样,也是我们的人生楷模。和文中的母子一样,我们的人生也未必一帆风顺。当你在阳光明媚的日子里遇到了阴霾,当你在采摘鲜花时采到了荆棘,你会怎么做?

四、课堂小结

生活从不垂青生活中的懦夫,只有那些自强不息者才能得到他的眷顾与嘉赏。当自己遇到困难时,我们要学习母子三人在困境中的相互支持的做法,学习他们的坚强与勇敢,那么,当别人遇到困难时,我们要怎么做呢? 文中的老板夫妇给了我们答案,下节课我们再来感受他们的善良与热情。

五、布置作业

1. 熟读课文,找出文中关于店主夫妇善良与热情对待母子三人的细节描写。

2. 有人说母亲读《一碗清汤荞麦面》读出了责任与勇气,儿子读《一碗清汤荞麦面》读出了孝心与坚强,商人从中悟出经商之道,普通人学会了尊重与善良。你从中读出了什么?写一篇 300 字左右的短文。

【板书设计】

一碗清汤荞麦面

栗良平

坚韧　　顽强　　互爱　　互谅

【教学反思】

本课为主要运用“三入式”文本阅读教学法,运用信息技术辅助教学,引导学生学案导学、合作探究完成了对文本的赏析解读。以情境导入、文本深入、生活引入三个主要教学环节贯穿课堂。整个教学设计环环相扣,节奏流畅。学生思维活跃,真正实现了生本对话、师生对话、生生对话。小组之间的合作交流、师生之间的有效对话帮助学生感受到了经典小说的思想价值和文化魅力。基本实现了我的教学设想:从语言表达、思维能力、审美感受、文化理解四个维度来引领学生读懂文本,读懂人物,读懂作者,激发起学生们的同情心和共情心,并以此来培养学生的语文核心素养。多媒体课件扩展了课堂容量,提高了学习效率,起到了理想的教学辅助作用。

但回顾整个课堂,还是觉得个别地方教师有灌输的痕迹。此外,教师的信息化水平还需提高。这也是我今后不断改进的方向。

第四节　《智取生辰纲》说课稿

大家好!我说课的题目是《智取生辰纲》,它选自人民教育出版社中职语文教材第三册第四单元,现就教材、教学方法、教学过程三方面予以说明。

【教材简析】

本课节选自长篇小说《水浒传》第十六回。《智取生辰纲》是吴用、晁盖等人投奔梁山的契机,也是杨志命运转折的关键,向来以情节曲折生动为人称道,但由于篇幅较长,学生对原著又知之甚少,鉴于此种情况,我力争"长文短教",引导学生吸取文学作品的精华,重在激发学生的阅读兴趣,为提高阅读能力搭建平台。

根据大纲要求,欣赏小说的重点是分析情节、人物和环境。联系学生的实际,我计划本课共用两课时,第一课时分析情节和人物,至于分析环境描写和品味语言放在第二课时完成。

第一课时教学目标如下:

1. 速读课文,感知文意。

2. 理清情节,分析人物。(重、难点)

3. 评说成败,感悟人和。(德育目标)

其中目标 2 既是教学重点又是教学难点,目标 3 是德育目标。

【教学方法】

我采用点拨导读法贯穿始终,引导学生在反复阅读课文的过程中理清情节,分析冲突。

指导学生采用合作学习和情景体验的方法,力图实现多角度、多方位的立体欣赏。

【教学过程】

整个教学过程分为导入新课、讲授新课、课堂小结、拓展练习、布置作业 5 个环节。

一、导入新课

1. 我这样设计导语:

在历史的长河中,有许多以智慧闻名的杰出人物,如稳坐钓鱼台、助武王灭商兴周的姜子牙,如知老马识途、助齐桓公成就春秋霸业的管仲,如运筹帷幄之中、决胜千里之外的张良。今天,我们要见识的是号称"智多星"的梁山好汉吴用。人们常说"三国出智士,梁山多勇夫",其实这话并不尽然,今天我们要学习的《智取生辰纲》就是在智与智的较量中尽显出梁山好汉们的机警谨慎、足智多谋,给后世留下了一段关于智谋的千古佳话。

(导语设计的目的是通过数点历史上的智者,激发学生的学习兴趣,自然地过渡到新课。)

2. 然后出示课题和教学目标,使学生了解本课的学习内容,明确重点和难点。

二、讲授新课(走近生辰纲、进入生辰纲、走出生辰纲)

(一)走近生辰纲

教师采用填空的形式,勾连上一篇课文所学的内容,为这节课的学习做好铺垫。

接着教师引导学生补全章回题目,找出矛盾斗争的双方,用一句话概括出课文是吴用智取杨志押送的生辰纲的故事。

最后出示图片,通过解说前文,链接前文内容,帮助学生了解故事的前因。梁中书派杨志押送生辰纲去东京,两人定下了假扮客商押送财宝的计策。吴用等人得知消息后商定了劫取生辰纲的计划。杨志一行乔装客商,离开了梁府,向东京进发。

(二)进入生辰纲(分为三步:找字、寻意、探因)

1. 首先引导学生找出哪一个字是课题的核心,全文的关键。这个问题比较容易回答,一个"智"字就可以进入对矛盾冲突的分析。

2. 接着采用点拨导读法,通过设问寻意,分析矛盾冲突,解决课文的重点和难点。

思考:吴用等人是利用哪些有利条件智取生辰纲的?

这个问题难度较大,教师引用孟子的名言"天时不如地利,地利不如人和"启发学生思考,使之明确吴用等人智取成功的原因是智用了天时、地利、人和三方面的条件。

此时引导学生研读课文,分析吴用等人如何利用天时和地利的条件智取生辰纲,教师用三个小问题点拨学生思考:

(1)用文中的词语概括天气特征。

(2)用自己的语言总结故事发生的地点。

(3)吴用等人是如何智用天时和地利这两个有利条件的?

师生通过合作探究,概括得出结论:天气特征是热不可挡,因为热不可挡,估计杨志他们会松林歇凉,会喝酒解渴,吴用等人才定下了卖酒诱敌的计策。故事发生的地点是泥冈松林,这里影影绰绰看不真切,便于吴用等人乔装惑敌,便于趁乱下药。

接着又通过三个小问题,一步步引导学生理解吴用等人如何利用人和的条件的:吴用等人是以什么身份出现在杨志面前的? 杨志是老江湖了,为什么他连酒中下蒙汗药的伎俩也防不住呢? 蒙汗药是如何神不知鬼不觉地下到酒里去的?

假扮客商,初步消除杨志的戒心;巧妙作戏,夺瓢争酒,进一步打消了杨志的疑虑;最后瓢中下药,麻倒对方。吴用等人内部分工,密切合作,智取了生辰纲。

由此看来,天时、地利、人和都尽在吴用等人的运筹帷幄之中,显示出了他们的足智多谋,教师进而启发学生思考:那么,押送生辰纲的杨志是否就是平庸之辈呢?

最后,借助投影的方法,出示课文中关键的语句,点拨学生分析、概括杨志在押送生辰纲途中的机智之处:变更起止、提醒军汉、盘问枣客、谨慎买酒。由此看出:杨志的性格特点是——机警谨慎,杨志的押送也属于智送。

这里,运用以下过渡语:同样用智,杨志押送生辰纲没有达到目的,而吴用智取生辰纲却成功了,这是为什么? 进入下一个环节。

3.品读课文,赏析人物,探明原因。

先分角色朗读第 4 段课文,引导学生思考问题:该段描写了哪些人之间的矛盾? 矛盾产生的原因是什么? 概括出杨志的性格弱点是急于立功、独断专行。

然后通过观看录像,指导学生进行情景体验,加深对杨志性格弱点的理解。

(三)走出生辰纲

有人说"性格决定命运",杨志的失败和他的性格弱点密不可分,也有人说"人心齐,泰山移",吴用等人齐心协力取得了成功。教师采用分组讨论、合作学习的方法,联系学生实际,进行德育渗透。悟出"一个人的力量是有限的,一个人的智慧比不上众人的智慧",教育学生无论个人、家庭、集体还是社会,要想成功,必须重视人和,重视团结协作。

三、课堂小结

运用投影的特殊效果,用杨志来衬托吴用等人的足智多谋、更高一筹。

四、拓展练习

教师这样启发学生:假如你是杨志,你如何运用智谋避免失败,领导众人齐心合力取得成功? 假如你是吴用,你能想出更高明的智谋来取得生辰纲吗?

通过拓展练习,加深学生对文章的理解,增强为人处世时要团结协作的意识。

五、布置作业

1. 找出并尝试赏析课文中描写天热的精彩句子。

2. 小论文:任选其一,要求 300 字以上。有三个题目,《我说吴用等人的"智"》《我看杨志的"智"》《我看杨志的"智"与"不智"》。

第一个作业,为下节课分析环境做铺垫,第二个作业,紧扣教学目标而设计,把所学、所思进行沉淀,从而达到指导学生现实生活的目的。

为了激发学生阅读原著的兴趣,播放《好汉歌》,我设计结束语来收束全文,引导学生进行想象:"今天我们了解了杨志与吴用等人的故事,文章到此结束了,但他们的故事还没有结束,请大家想象杨志今后的命运怎样? 吴用等人的前途如何? 然后翻开原著,到书中去找寻答案,你会发现其他好汉故事也同样精彩,你会喜欢上这首 108 条好汉共同谱写的水泊梁山好汉歌。"

【板书设计】

智取生辰纲

智送——智取

(衬托)

天时

人和

地利

第五节 《最后一片叶子》说课稿

大家好！今天我说课的题目是《最后一片叶子》，现就教学理念、教材分析、教学方法、教学过程以及板书设计几方面加以说明。

【教学理念】

根据中职语文教学大纲"通过对文学作品的阅读，提高学生的语文素养，并在阅读赏析过程中逐步理解作品的人文内涵"这一要求，加之新课程目标中又特别强调了语文教学工具性与人文性的高度统一这一原则，这就要求课堂教学必须重视学生的参与性，突出学生的主体地位。教学文本的多元化解读和个性化阅读也日益凸显出了重要地位。

【教材分析】

该文选自人民教育出版社山东省中职语文教材第一册第三单元。单元话题为"弹奏生命的乐章"。基于此，本课充分重视生命教育，围绕"叶子"设计系列问题引导学生进入文本阅读，使学生在阅读与鉴赏活动中提升内心感悟，逐步将学生推向对生命本质的认识。王国维说过："文学教学的目的在于能给人以心灵的慰藉，拓展人的精神空间。"相信这篇构思精巧、情节动人的小说，能让我们的学生受益良多。

【学情分析】

授课对象为珠宝专业学生，他们思维敏捷、个性张扬，有朦胧的情感体验，乐于展现自我，但缺少对人生的理性思考，理解并探究本课的"生命"主题，恰好弥补其不足。我在授课中注重激发学生的学习兴趣，提高学生语文审美能力和探究能力，帮助学生轻松掌握文章内涵，为终生学习打下良好的基础。

基于教材特点和学生情况，拟定教学目标如下：

1. 了解课文故事情节，把握文章结构。

2. 体会欧·亨利式结尾的妙处。

3. 感悟小说的内涵——弘扬人性美，丰富情感体验，培养珍爱生命的意识。

4.能认识建立精神的支点对人生的重要性。

教学重点:感悟小说的内涵——弘扬人性美,丰富情感体验,培养珍爱生命的意识。

教学难点:体会欧·亨利式结尾的妙处。

突破途径:以朗读、研读、品读深化个性体验,以讨论探究拓展思维深度。

【教学方法】

教法:采用了青岛职教语文"三入式"文本阅读教学法进行教学,引导学生把握重点、解决难点。所谓"三入式"有两层意思:其一,课堂结构分为三部分,情境导入—文本深入—生活引入;其二,课堂教学有三点要求,入眼—入脑—入心。

学法:课前下发预习学案,引导学生了解作者及时代背景,了解课文内容,提出自己的疑问。课上指导学生进行自主探究式学习。

辅助教学手段:运用多媒体技术创设情景、提供资料支持,延展课堂思维空间,提高课堂效率。

【教学过程】

一、情境导入

多媒体播放《正大综艺》主题曲《爱》:"爱是 love,爱是包容,爱是忍耐······爱能带给你快乐和健康······"

导入语:生命对于每一个热爱生活的人来说何其重要,而爱,则是生命中最为温情的存在状态。珍爱生命的人是值得褒奖的,而那些在珍爱自己生命的同时,也在关爱着他人的生命,乃至不惜为此付出生命代价的人,更让我们钦佩。今天,就让我们随美国作家欧·亨利走进他的小说《最后一片叶子》,去瞻仰这样一位"生命的歌者",在感动中接受灵魂的洗礼,精神的升华。

二、文本深入

(一)整体感知

1.作者简介。

欧·亨利,美国短篇小说家,在 10 余年的创作生涯中,写下了 300 多篇小说。他的小说完全以情节取胜,故事颇多偶然巧合,结局往往出人意料。请阅读全文,了解情节。

2. 学生速读全文,复述情节。

3. 教师设问:小说最震撼人心的是哪一个情节? 说明原因。

讨论、明确:应该是小说的结局部分,因为这一部分写到苏的揭谜——老贝尔门的死,换来了最后一片叶子这幅他追求终生的杰作,而正是这幅杰作唤醒了琼西对生的渴望。

(这一设计目的是为了让学生谈初读感受。)

4. 试问小说的结局有怎样的特点? 能找出前面的伏笔和后面的照应吗?

讨论、明确:欧·亨利式的结尾。欧·亨利在短篇小说的艺术处理上最大的特点就是"小说的意外结局",意料之外又在情理之中。读者眼看着情节似乎明明朝着一个方向发展,但结局往往来了个出其不意。

在文中有四处作了伏笔:第一处是:"后来,夜的到临带来了呼啸的北风,雨点不停地拍打着窗上,雨水从低垂的荷兰式屋檐上倾泻下来。"第二处是:"难道你没有想过,为什么风刮得那样厉害,它却从来不摇一摇,动一动呢?"第三处是:"他的鞋子和衣服全都湿透了,冰凉冰凉的。他们搞不清楚在那个凄风苦雨的夜晚,他究竟到哪里去了。"第四处是:"后来,他们发现了一盏还没有熄灭的灯笼,一把挪动过地方的梯子,几支扔得满地的画笔,还有一块调色板,上面涂抹着绿色和黄色的颜料。"

(二)文本研读

小说的结局是琼西脱离了危险,最后的常春藤叶竟然挽救了一个年轻而又几乎失去希望的生命。这究竟是怎样一片叶子?(过渡语)

1. 在琼西眼里这是怎样一片叶子?

讨论、明确:琼西眼里的最后一片叶子是生命的征兆,是死神的化身,苦难世界的终极。琼西把这最后一片叶子作为自己生命的征兆,作为最后一丝与世界的微弱牵连,作为放弃生命的理由。在寒秋风雨中,藤叶越掉越少,读者的心也越揪越紧,藤叶终将掉完,年轻、纯洁的琼西却不该过早逝去,矛盾到了高潮。

没想到最后一片叶子历经了一天一夜风雨仍傲然挂在墙上,琼西恢复了生的信念,又一天,琼西脱离了危险。

2. 在贝尔门眼里这是怎样一片叶子？贝尔门是个怎样的人？（言之有理即可）

点拨：在老画家眼里这是他拯救琼西的唯一方式。

先找到集中描写贝尔门的语段，抓住外貌描写、语言描写去分析。

参考：初见贝尔门时，作者通过外貌描写告诉我们，贝尔门是一个性格暴躁、酗酒成性、牢骚满腹、郁郁不得志的老画家；又通过语言描写，当他得知琼珊的病情和"痴呆的胡思乱想"后，喊道："什么，世界上真有人蠢到因为那些该死的常春藤叶子落掉就想死？"写出他的善良和同情心。再见贝尔门时，贝尔门已经身体虚弱，病了两天就去世了。贝尔门是因为冒雨画最后一片叶子，得了肺炎而去世的。他的崇高爱心、自我牺牲精神由此得到了展现。我们看到了贝尔门平凡的甚至有点讨厌的外表下有一颗火热的爱心，虽然穷困潦倒，却无私关怀、帮助他人，甚至不惜付出生命的代价。（欲扬先抑的写作手法）

3. 在苏眼中这是怎样一片叶子？"是贝尔门的杰作"。

讨论、明确：这不仅因为这片叶子画得逼真，更因为这片叶子给予了病人"生"的希望和信念，表现了普通人之间的无私情意，闪烁着人性美的光辉。（深化主题、突破重点）

4. 贝尔门画常青藤本应是小说的重要情节，作者却没有实写，这样处理有什么好处？

讨论、明确：作品没有实写这一情节，使得小说产生出人意料的效果（欧·亨利式结尾），也给读者留下了想象的空间。

我们可以想象，那个风雨交加的夜晚，老人是怎样冒雨踉踉跄跄爬到离地面二十来英尺的地方，颤抖着调拌黄色和绿色，在墙上施展他从未施展的艺术才能，同时也毫无保留地献出了生命。（过渡语）

学生想象并描写贝尔曼画常春藤叶时的场景。

要求：①符合人物性格，合情合理；②有适当情境描写。

（深化主题，感受人物的伟大、崇高，锻炼了能力。）

三、生活引入

1. 琼珊能康复，除了最后的常春藤叶的作用外，还需要其他因素吗？

需要众人的帮助,需要自己有生命的信念。

2. 生活中你遇到了挫折怎么做?

参考:当然,琼珊的康复仅有贝尔门牺牲自己为之而作的最后一片叶子是不够的,还需要她自己的力量来战胜病魔。在琼珊患肺炎病危的时刻,医生为什么既不判她"死刑",又不肯定她可以治愈,而说要看她自己呢? 就是因为在这生与死的抗争中,只有自己树立信心,做出努力,才能获胜。每一个人都会遇到困难和挫折,关键是看自己有没有信心,能不能去面对它,有没有勇气战胜它。琼珊也曾陷入失望的低谷,但她在贝尔门用生命绘出的最后一片常春藤叶的鼓舞下,重新振作起来,直至康复。坚强的信念是生命赖以延续的精神支柱。

(设计说明:生命教育是本课设计中的一个重点。生命教育不仅要帮助学生感悟生命,而且要帮助他们意识到生命成长的过程,就是不断克服困难、磨难、痛苦、无奈的过程。无论是苦难还是烦恼,都是个体生命在真实生活过程中不可避免的经历与体验。设计这一探讨环节就是引导他们正视这一切,帮助他们获得接受、正确对待与处理能引起负向情感体验的事件的能力。)

四、布置作业(自由选择)

1. 文章有多个译本,课外找来对比阅读。

2. 同学间合作将课文改编成剧本并将改编的剧本,进行角色分配,最后分组演出。

第六章　拉开戏剧的帷幕

第一节　《雷雨》教学设计

【教学目标】

1. 了解曹禺以及《雷雨》的故事梗概,了解戏剧常识。

2. 梳理情节,鉴赏戏剧冲突,把握人物性格。

3. 通过表演,深入把握人物形象。

【教学重难点】鉴赏戏剧冲突,如何评价周朴园。

【课时安排】共两课时,本课为第一课时。

【教学方法】"三入式"文本阅读教学法。

【教学过程】

一、情境导入

30 年前的大年夜,周公馆把鲁侍萍赶出周公馆的大门,她当时才刚刚给周家的少爷周朴园生下第二个儿子。万念俱灰之下,鲁侍萍投河自杀却被人所救。30 年后,鲁侍萍为了接走女儿四凤,又重新回到了周公馆,再次见到了周朴园,30 年的恩怨二人将如何面对呢? 现在进入我们今天的学习。

二、文本深入

(一)作者及相关常识简介

作者简介:曹禺,原名万家宝,现代著名剧作家。其作品有《雷雨》《日出》

《原野》《北京人》等,与钱钟书、颜敏薇并称为清华三杰;大学毕业时就写出了《雷雨》,《雷雨》的出现象征了中国话剧的成熟,曹禺被称为是"中国的莎士比亚"。

《雷雨》是一部不但可以演,也可以读的作品。——巴金

一出动人的戏,一部具有伟大性质的长剧。——李健吾

说到《雷雨》,我应当告白,亏了它,我才相信中国确乎有了近代剧。——黎烈文

戏剧常识简介:

戏剧的概念:戏剧是一种综合性的舞台艺术,她借助文学、音乐、舞蹈、美术等艺术手段塑造舞台艺术形象,揭示社会矛盾,反映现实生活。

戏剧的要素:人物、语言、冲突。

戏剧的冲突:没有冲突就没有戏剧。戏剧冲突是表现人与人之间矛盾关系或人的内心矛盾的特殊艺术形式。(莎士比亚《罗密欧与朱丽叶》《哈姆雷特》)

课文节选自《雷雨》第二幕,有两组冲突。我们今天来研究的是第一组冲突。

(二)文本初读,把握冲突的铺垫

默读课文回答问题:在二人相认之前周朴园曾几次询问鲁侍萍的身份? 每次都是因为什么样的细节,令周朴园追问身份?

曹禺在情节上层层铺垫使二人逐步相认,引出高潮;而周朴园的心情也从怀疑到惊惧,需要一个点使心情有一个宣泄的出口。

(三)文本研读,把握冲突

1. 思考:在二人相认的过程中,谁主动相认?

学生回答后明确:鲁侍萍是知情者,周朴园不知情。

2. 思考:鲁侍萍与周朴园相认,想得到什么?(至少相见后的第一句话她希望听到什么?)鲁侍萍得到的是什么?

学生找出原文:

周朴园(忽然严厉地)你来干什么?

鲁侍萍　不是我要来的。

周朴园　谁指使你来的?

鲁侍萍 （悲愤）命,不公平的命指使我来的!

周朴园 （冷冷地）三十年的功夫你还是找到这儿来了。

鲁侍萍得到的是一声质问,而且这声质问越严厉,这场矛盾就越尖锐。

3. 思考:周朴园是怎么怀念鲁侍萍的? 怀念之情是否真实?

想要给侍萍修一修坟墓

保留当年的家具、衣物、照片

总要关窗户的习惯,一直保留着

每年总记得生日……

学生各抒己见后教师出示:

是真实的,绝对真实的。——曹禺

周朴园也是一个人,不能认为资本家就没有人性。为了钱,故意淹死两千二百个小工,这是他的人性。爱他所爱的人,在他生活的圈子里需要感情的温暖,这也是他的人性。——曹禺

(四)文本品读,分析人物形象

要求:根据自己的理解说一说人物性格。

1. 周朴园的性格特点。

(1)思考:30 年前周朴园为什么抛弃鲁侍萍?

当年,为了迎娶富家小姐,他和他母亲在年三十夜里将侍萍和她刚生下 3 天的第二个孩子赶出家门。(冷酷)

(2)思考:30 年后的周朴园又如何衡量与鲁侍萍的感情?

他一直用当年侍萍用过的家具,摆着侍萍的旧照片,保留着侍萍喜欢关着窗子的小习惯,据他自己说,是出于对侍萍的怀念。可是这种怀念是很有限度的,因为他在和鲁侍萍谈话中,得知侍萍还活着时,并不想见她,而在得知眼前的人就是侍萍后,他的第一反应是他没有躲过去,侍萍要来敲诈他了。可见,他怀念的是当年温柔、聪慧且早已死去不会对自己有任何威胁的侍萍,并且这种怀念恐怕也更多是出于他自己要寻求良心上的安慰的需求,以及装模作样给别人看。(虚伪、自私)

(3)思考:周朴园想用什么来解决矛盾?

感情软化、金钱打发——周朴园虚伪、老奸巨猾、金钱至上

(4)鲁大海揭露他的发家史。

——冷酷无情,丧失人性,是为获取最大经济利益而不择手段的反动资本家形象。

思考:他怎样对待工人罢工?

明确:在处理工人罢工事件时,他一方面进行血腥镇压,一方面采取分化收买政策,并开除闹罢工闹得最凶的工人鲁大海。在和鲁大海的正面交锋中,他稳操胜券,不急不躁,对于鲁大海的责骂,他不轻易动怒,保持着冷静,说话简洁,打击性却很强。(强硬和老谋深算)

总结:课文节选的这部分,主要刻画了周朴园的虚伪、自私、冷酷、强硬、老谋深算。

2. 鲁侍萍的性格特点。

对于她和周朴园过去的恋情,她虽然愤恨于当年周朴园的无情无义,不过由于部分责任在周朴园的母亲身上,因此她难免对往事有一些怀念,对周朴园也残留有一些感情。比如,当她陷入对往事的回忆中,不想再隐瞒自己身份的时候,周朴园却想逃避,打算中断对话,她接连两次追问:"老爷,您想见一见她么?""老爷想帮一帮她么?"她希望能得到肯定的回答,因为这样就表明周朴园对"侍萍"怀着真诚的想念,对她而言就是一种安慰。又如,她的身份刚一点明,周朴园的几句让她觉得受到莫大侮辱的话深深刺痛了她,她内心积聚的愤恨、痛苦化作一段段话倾泻出来,局面一时超出周朴园的控制,可是在她稍微平静一些之后,周朴园的几句表白就让她基本相信了他的"真情"。从这些地方可以看出,侍萍对周朴园恨得不够彻底。(善良温柔)

她要马上带着四凤走;她将周朴园签好的支票随手撕掉;她肯定地说鲁大海不会认周朴园做父亲。(刚强自尊)

她只想见她的大儿子周萍一面,却没想到要认他;后来眼看着兄弟相斗,她感情激动,心绪混乱,差点向周萍明说自己的身份,可还是立即控制住自己。(清醒)

总结:鲁侍萍是一位善良、刚强、自尊、清醒的下层妇女形象。

三、生活引入

从周朴园看人的复杂性多面性。

艺术作品要写得美，就要明确地把人的多样变化写出来。同一个人，有时是恶棍，有时是天使；有时聪明，有时愚蠢；有时坚强有力，有时十分脆弱。

——列夫·托尔斯泰

四、布置作业

1. 阅读雷雨，画出人物关系图。
2. 分小组编写并演出课本剧。

【板书设计】

雷雨

曹禺

周朴园：虚伪、自私、强硬、老谋深算
鲁侍萍：善良、自尊、刚强、清醒

第二节　《威尼斯商人》教学设计

【教学目标】

1. 把握主要人物夏洛克和鲍西亚的性格特点，理解戏剧主题，
2. 提高戏剧的阅读欣赏能力。
3. 提高学生的文化素养和艺术品位，进行真善美的教育。

【教学重点】把握人物形象，理解戏剧主题。

【教学难点】理解夏洛克这一典型人物形象，把握戏剧主题。

【教学方法】"三入式"文本阅读教学法。

【课时安排】共两课时，本课为第一课时。

【教学过程】

一、情境导入

1. 视频导入。

视频内容要点：伦敦风光、尖顶的房屋，车水马龙的街道、行色匆忙的路人、古朴素净的小镇街道、小镇郊外的墓地、人们在一处坟墓前静立凭吊、大歌剧院演出情景（依次出现莎士比亚的四大悲剧和四大喜剧舞台演出片段）。画外音：在英国沃里克郡的斯特拉特福镇，这里长眠着一位让世界人民景仰与热爱的伟人。直到今天，众多文学爱好者还从四面八方来到这个在地图上毫不起眼的小镇，凭吊这位伟大的文学家、戏剧家，他就是文艺复兴时期的文学巨子莎士比亚。今天我们来学习莎士比亚的《威尼斯商人》。

2. 作家作品。

威廉·莎士比亚，欧洲文艺复兴时期，英国杰出的戏剧家和诗人，人文主义的杰出代表。主要作品有：

四大悲剧：《哈姆雷特》《李尔王》《麦克白》《奥赛罗》。

四大喜剧：《威尼斯商人》《仲夏夜之梦》《无事生非》《第十二夜》。

二、文本深入

（一）检查预习

1. 生字注音填空。

恻（   ）隐   豁（   ）免   癖（   ）性   袒（   ）露（   ）
涵（   ）义   遍稽（   ）   庖（   ）代   诉讼（   ）
刽（   ）子手   砥（   ）柱   万恶不赦（   ）

2. 用一句话概括节选部分剧情。（填空）

围绕是否照约执行割一磅肉（冲突）进行法庭辩论。

3. 根据课下阅读情况，简介前情。

威尼斯富商安东尼奥为了帮助好友巴萨尼奥向美丽的富商小姐鲍西娅求婚，向犹太高利贷者夏洛克借债。由于安东尼奥借款给人从不要利息，并帮夏洛克的女儿私奔,怀恨在心的夏洛克乘机报复,佯装不要利息,但若逾期不还,要从安东尼奥身上割下一磅肉。

(二)速读,感知法庭调解

教师:法庭辩论围绕着是否按约处罚割一磅肉双方激烈地交锋。

思考:为了拯救安东尼奥的性命,在节选第一场中一开始分别有谁对夏洛克进行劝说? 他们劝说的特点是什么?

学生回答后明确:公爵动之以情,晓之以理;巴萨尼奥与之论辩,诱之以利;葛莱西安诺指斥责问,诅咒怒骂。

思考:夏洛克的回答是什么?

生:坚决拒绝。"我向他要求的这一磅肉,是我出了很大的代价买来的,它是属于我的,我一定要把它拿到手里。"——坚持要割一磅肉。

师:这时候鲍西亚出现了。

(三)品读,感知法庭审判

1. 第一次交锋。

鲍西娅以律师身份出场后并不直接宣判,而是委婉地劝导。鲍西亚是怎样劝导夏洛克的? 夏洛克的态度如何?

分别找出夏洛克和鲍西亚的语言,看看他们是怎么较量的。

第一次劝说,鲍西亚说:请你慈悲一点。夏洛克:为什么要慈悲一点?

第二次劝说,鲍西亚:我可以用三倍的还款还您。

　　　　　　夏洛克:我自己做的事我自己当,我只要求法律允许我照约执行处罚。

第三次劝说,鲍西亚:让夏洛克请个医生,做一件好事总是好的。

　　　　　　夏洛克:约上没有这一条。

师生总结:第一次交锋,鲍西亚三退,仁至义尽;夏洛克三进,执迷不悟。(冲突激化)

2. 第二次交锋。

仿照刚才的分析,分为三个小组探究第二次交锋。

鲍西亚(一进):你可以按约拿去一磅肉,但是割肉的时候不能留下任何一滴血。

夏洛克(一退):那我愿意接受还款,照约上数目三倍还我,放了那基督徒。

鲍西亚(二进):你准备动手割肉吧,不准流一滴血,也不准割的超过或者不足一磅,若是割下来的肉略微轻一点或者略微重一点,即使相差只有一丝一毫,或者仅仅一根汗毛之微,就要把你抵命,你的财产全部充公。

夏洛克(二退):把我的本钱还我,放我去吧。

鲍西亚(三进):威尼斯的法律规定,谋害任何公民,查明确有实据者,财产一半归受害一方所有,其余半数充公。

夏洛克(三退):你们夺去我养家活命的根本,就是要了我的命。

师生总结:第二次交锋,鲍西亚三进,人财两全,正义彰显;夏洛克三退,人财两空,一败涂地。

(四)赏读,分析人物

1. 鲍西亚人物形象。

思考:鲍西亚凭借什么打赢官司?这个人物具有怎样的性格特点?

学生回答后明确:聪明机智、博学多才。

2. 夏洛克人物形象。

教师:世界文学史上有著名的四大吝啬鬼——泼留希金、夏洛克、阿巴贡、葛朗台,吝啬是他们的共同点,他们还有各自有独特的气质与性格。

(1)可恨的一面。

孔子说认识一个人要"听其言而观其行",你从夏洛克的行动和语言上可以看出夏洛克是怎样一个人?

行动上:执意要割一磅肉(残忍)

语言上:

"我要到京城里去上告,要求撤销贵帮的特权。"(得理不饶人,做事不留余地,非常看不起公爵。)

"为什么有人受不住一头张开嘴的猪……就会情不自禁的显出丑相来。"(低俗,洋洋得意)

"您要是问我为什么不愿接受三千元钱,宁愿拿一块腐烂的臭肉……这不

是回答了您吗?"(理直气壮、固执)

师生总结得出结论:夏洛克贪婪、固执、残忍,冷酷无情。

(2)可怜的一面

思考:夏洛克问什么不愿意拿三倍的赔偿而宁愿要一块腐烂的臭肉呢? 贪婪的夏洛克为什么宁可不要钱也非要置安东尼奥于死地?

学生:"因为我对于安东尼奥抱着久积的仇恨和深刻的反感,所以才会向他进行这一场对于我自己并没有好处的诉讼。"

教师:夏洛克的仇恨和反感从何而来呢?

学生:夏洛克是高利贷商人,而安东尼奥借人钱不收利息,严重影响了他的生意。还因为安东尼奥经常羞辱夏洛克,时不时地鄙视他,这使夏洛克越来越反感。

教师:夏洛克是犹太商人,借钱收利息,放高利贷为生,而安东尼奥是新兴资产阶级商人,乐善好施、乐于助人,借钱不收利息,他们俩对金钱的态度是截然对立的。除了这一点外,夏洛克作为受歧视的犹太人又是可悲可怜的。莎士比亚借夏洛克之口说出来的那些话,也让我们感受到夏洛克处境的悲凉。莎士比亚也是借此方式向这个被歧视受压迫的犹太人送上了深深的同情。但无论怎样,这也不能成为危害别人性命的借口。

(五)悟读,人文主义精神

谴责残忍和仇恨,赞美友谊和仁爱,用仁爱解决矛盾,是莎士比亚人文主义精神的核心。

三、生活引入

法庭审判后,你希望夏洛克做个怎样的人? 你希望安东尼奥做个怎样的人?

希望夏洛克:正直、善良、重友情……

希望安东尼奥:继续保持重友情轻利益,要善良平等待人,不要歧视侮辱犹太人……

四、布置作业

1. 小作文:《我看鲍西亚》(或者《我看夏洛克》……),300 字左右。

2. 小组编写排练课本剧,准备下节课表演。

【板书设计】

威尼斯商人

莎士比亚

鲍西亚	一磅肉	夏洛克
三劝	（冲突）	三拒
三进		三退

第七章　领略文言的魅力

第一节　《报任安书》教学设计

【教学目标】

1. 读懂课文,学习课文第1、2段,掌握文言实词的意义。(重点)

2. 增强文言语感,提高阅读能力。

3. 了解司马迁的伟大理想,学会坦然面对挫折,坚定人生信念。(难点)

【教学方法】

"三入式"文本阅读教学法、五读法:听读—研读—品读—诵读—深读。

【教学手段】多媒体辅助教学。

【课时安排】共两课时,本课为第一课时。

【教学过程】

一、情境导入

1. 故事:文天祥与《衣带赞》。

教师:大家都知道文天祥吧? 他有句非常著名的诗——"人生自古谁无死? 留取丹心照汗青。"(齐答)文天祥在被元兵押解途中写下了《过零丁洋》,表明誓不降元、以死报国的心志。文天祥慷慨就义后,文夫人在他的腰带里发现还藏着另一首诗,诗中写道:"孔曰成仁,孟曰取义,唯其义尽,所以仁至,读圣贤书,所学何事? 而今而后,庶几无愧。"意思是孔子说要杀身成仁,孟子说要舍生取义，我多年读圣贤书学的就是这个，现在我以死报国，从今以后，我就无愧于心了。历史上还有许多人用生命实践着这一信条，如忠于故国，饿死不食周粟的伯夷叔齐，为保人格尊严不食嗟来之食的饥民。"杀身成仁、舍生取义"的孔孟之道和"士可杀不可辱"的古训一直影响着中国士人的生死观。但是今天我们要认识的，也是一位饱读圣贤书，在受辱后却没有选择死，他坚强地活了下来，用不屈的灵魂谱写了千古绝唱《史记》，他是——司马迁（齐答），出示——"不屈的灵魂谱写生命的绝唱"。

2. 测试：司马迁与《史记》文学常识填空。

3. 解题并简介背景。

司马迁一生只留下了一封书信，但这唯一的信却彪炳青史，流芳千古。就是我们今天要学习的《报任安书》。（出示课题）

"书"是古代的一种文体，就是"书信"的意思。古人写信，多有题目，说明是写给谁的信，信的题目多为"报……书""答……书""与……书"等。

例如，初中我们学过的《答谢中书书》是陶弘景写给谢中书的一封信，《与朱元思书》是吴均写给朱元思的一封信，我们今天要学习的《报任安书》是谁写给谁的信呢？（生答：司马迁写给任安的一封信。）谁来介绍写作背景？

师：这是司马迁为李陵仗义执言，遭受了最严酷的宫刑之后，给狱中将被处死的朋友任安的一封回信。司马迁与任安同病相怜，借书信表达心声，写出了自己无辜之冤、愤激之情和对待生死的看法。因为狱中来往的书信都要接受检查，这封信很有可能最后会被皇上看到，司马迁可能因此获罪而被杀头，所以又有人说《报任安书》也许就是司马迁留给世人表明不屈心志的一封遗书。

二、文本深入

（一）听读全文，整体感知

听读课文，要求：①识字正音；②找出文中的通假字并解释；③概括每一段的段意。

一位同学给生字注音，大家齐读两遍。一位同学找出通假字，其他同学在课文中圈出来。概括每一段的段意。

(二)研读第1段,看人生态度

1.分组疏通第1段文意。

齐读这一段,要读准字音。

尝试翻译课文。把文段分成四部分,四组每组翻译一部分。翻译时结合课下注释,也可以和同位商量,时间两分钟。

2.解读作者生死观。

思考问题,要求尽量用原文回答问题。

(1)一般人对待生死的态度怎样?

学生回答后明确:一般人对待生死的态度是"莫不贪生恶死,念父母,顾妻子",没有不贪生厌死的,(难免)顾念父母和妻子儿女。

(2)司马迁对待死亡的态度怎样?

一般人因为顾念父母、妻子、儿女而贪生厌死,司马迁顾念父母、妻子、儿女吗? 文中是怎么说的?

生答:"今仆不幸,早失父母,无兄弟之亲,独身孤立,少卿视仆于妻子何如哉?"——这句是说,我不幸,早早失去了父母,又无亲兄弟,自己没有家人可牵挂,您看我对妻子儿女怎样呢? 言外之意是对妻子、孩子的情分也不深。

司马迁并不顾念父母、妻子、儿女,他怕死吗?(应该说他不怕死。)

司马迁不怕死,但他不主张为名节、为虚名而死。从文中找出这句原话。

"且勇者不必死节"——况且勇士不一定死于名节。

师:司马迁说过"人固有一死,或重于泰山,或轻于鸿毛",他认为不是所有的死都有价值,为名节为虚名而死是毫无价值的轻于鸿毛的死。

(3)那么司马迁面对生死做了怎样的抉择?(当他遭受最耻辱最严酷的宫刑之后,一般人都会选择死亡。他是慷慨就死,一了百了;还是忍辱负重,隐忍苟活?)

不想死得毫无价值的司马迁接受了囚禁的侮辱,选择了隐忍苟活。为什么呢?(请用原句回答)

"所以隐忍苟活,幽于粪土之中而不辞者,恨私心有所不尽,鄙陋没世而文采不表于后世也。"

司马迁把活着比作什么? ——(幽于粪土之中)囚禁在粪土一样的监狱里。

师：在当时的情况下，死无疑是最直接最痛快的解脱，是一了百了，正所谓"慷慨就死易，隐忍苟活难"，但司马迁为了不想留"恨"不想留遗憾，想实现有所不尽的私心，想实现心愿，不想鄙陋没世地平庸死去，能使文采在后世显露。他坚定地主张"勇士不必死节"，勇敢地选择了比死亡更艰难的"隐忍苟活"（板书），从而成就了"史家之绝唱，无韵之离骚"的《史记》，他的这种选择更让后世嗟叹，让我们钦佩不已。司马迁是一个敢于直面惨淡人生的真勇士。

我们一起来学习下一段，看还有谁在困境中跟司马迁做出了同样的抉择？

（三）品读第 2 段，知发愤读书

1. 教师译第 2 段第 1,3,4 句。

2. 学生译第 2 段第 2 句。

（1）齐读文句。

（2）填空练习。

课件展示"＿＿拘而演《周易》；＿＿厄而作《春秋》；＿＿放逐，乃赋《离骚》；＿＿失明，厥有《国语》；＿＿膑脚，《兵法》修列；＿＿迁蜀，世传《吕览》；＿＿囚秦，《说难》《孤愤》；《诗》三百篇，大底圣贤发愤之所为作也"。

（3）教师质疑，学生解答。

思考：他们都是什么样的人？

明确："圣贤""倜傥非常之人"。

思考：何谓"倜傥非常之人"？

明确：卓越超群的人。

思考："唯倜傥非常之人称焉"中"称"是什么意思？

明确：称道，被人所知。

思考：与之相反，姓名磨灭，不被后人所知的，不可胜记（记也记不完），是哪些人呢？

明确：古者富贵（古代富贵之人）。

思考：他们是在什么情况下著书的呢？

明确：文王拘而演《周易》，文王是在拘（被拘）情况下推演的《周易》……

师：大家知道文言文中的人名和书名都不用翻译，现在请一位同学翻译全句。

思考：这些"倜傥非常之人"成就非凡事业的共同点是什么？

学生回答。

师:钱钟书有一段话做了很好的总结,《报任少卿书》和《太史公自序》历数古来的大著作,指出"有的是坐了牢写的,有的是贬了官写的,有的是落了难写的,有的是身体残废后写的;一句话,都是遭贫困、疾病,甚至刑罚磨折的不幸人物的产物。他把《周易》打头,《诗》三百篇收梢,总结说:'大底圣贤发愤之所为作也'……"

思考:他们发愤著书的心理是什么?

(4)学生尝试翻译

师:注意"郁结、舒其愤、垂"这几个词,他们正是内心抑郁不通畅,通过发愤著书来抒发心中愤懑,留下了能够显示自己才能的皇皇巨著。

指名学生,挑选第 2 段中所涉及的故事给大家讲一讲。

师:司马迁举了古人在困境中发愤著书的八个例子,这些古代圣贤,虽然身处逆境,备受迫害,却并不因此而消沉,而是努力给后人留下了有价值的东西。作者以此激励自己,学习他们。

选择在古今中外名人在困境中发愤的事例,仿写"屈原放逐,乃赋《离骚》"一句,说一说你知道的催人在逆境中奋进的名言。

(四)诵读第 2 段,悟不屈精神

教师:无论是这些名人名言,还是我们仿写的这些名人名事,都和课文一样激励我们身处逆境坚韧不屈,在困苦中体现自己的人生价值。现在我们就来背过课文第 2 段,把这种不屈精神牢记在心中。

1. 教师示范背诵。

2. 运用空字背诵法指导学生背诵。

三、生活引入

古人云:"书读百遍,其意自见。"通过背诵,我们与司马迁的心灵靠得更近了。我们的人生之路或许不会像司马迁那样艰难困苦,我也非常希望同学们的人生之路充满了鲜花和阳光。但不管这条路是一路坦途还是布满荆棘,我们都可以从司马迁身上学到很多。同学们能说一说吗?你从司马迁身上想到了什么?

（可以从对待生命或生死和对待事业两方面谈一谈。）

小结并板书：

司马迁含冤受刑，处于人生的谷底，他认为<u>不必死节</u>，艰难地选择了<u>隐忍苟活</u>，他学习圣贤<u>发愤著书</u>，最后<u>成就伟业</u>，写出了"史家之绝唱，无韵之离骚"的《史记》，也用不屈的灵魂<u>谱写了的生命的绝唱</u>，达到一生中辉煌的顶点。

师：关于史记的体例和宗旨属于第 3 段内容，我们留在下节课学习。

四、布置作业

1. 背诵课文第 2 段。

2. 完成文言知识表格。

3. 小作文：《从司马迁身上想到的……》。

教师寄语：

希望大家能在人生的旅途中做一个坚强的人，不怕困难，像司马迁一样攀上事业的高峰。

教师寄语：

"古之立大事者，不惟有超世之才，亦必有坚忍不拔之志。"——苏轼

【板书设计】

报任安书

司马迁

《史记》

成就伟业

谱写绝唱

学习圣贤

发愤著书

不必死节

隐忍苟活

第二节 《师说》说课稿

大家好，今天我说课的题目是《师说》。现就说教材、说方法、说过程几方面加以说明。

【说教材】

1.《师说》：选自中职课文，一篇经典散文，文传千载，"道"贯古今。

2. 目标：

文言词汇的基本知识——文言目标；

正反对比的文学知识——文学目标；

尊师重道的中华传统——文化目标。

3. 重点、难点：文言字词的掌握、从师学习的必要。

【说方法】

1. 教法，三文统一：文言知识、文本阅读、文化体认相统一。

2. 学法，以文释文。

【说过程】

用起、承、转、合四个字架构，以文言、文学、文化贯通，以此架构课堂。

(一)起——小事情，大背景

课文第4段，看似补笔，其实是应该最先了解的韩愈写作这篇文章的缘由，一方面，李蟠好古文、不拘于时，正是韩愈极力倡导与赞赏的品质；另一方面，李蟠又是一个典型代表，韩愈看到的是李蟠这种品质背后的不从师的习俗，韩愈是力图通过这件小事情，引出当时的大背景。

流程：

1. 品读文章，掌握字词，完成文言目标。

2. 学法传授，以文释文，完成文学与文化目标。

3. 教师引入：

韩愈，文起八代之衰，勇夺三军之志，唐宋八大家之一。柳宗元文："由魏、晋以下,人益不事师。今之世,不闻有师;有,辄哗笑之,以为狂人。独韩愈奋不顾流俗,犯笑侮,收召后学,作《师说》……"

然而,何为"师",为何"从师",下面进入第 1 段的学习。

(二)承——小问题,大哲理

流程:

1. 品读文字,掌握字词:学者……(完成文言目标)

2. 理解文意,把握主题:古之学者必有师。

3. 层层设疑,纲举目张:

这一环节,我紧紧围绕"师"字做文章,让学生思考:人为何要从师? 以什么人为师? 从而从四个方面把握这段文字,首先,从古代传统看,学者有师;其次,从为师职能看,道要人传,业要人授,惑要人解;再次,从认知实际看,人非天才,人皆有惑,这三点足证人必从师。在此基础上,得出择师、从师的原则就是"道之所存,师之所存"。(完成文学目标)

4. 教师引领:这一段围绕一个"师"字做足文章,为下文发论叙事埋下伏笔。一句"人非生而知之者,孰能无惑"小小反问,隐含着"从师"重要性的多少解读,小问题包含的是大哲理。(完成文化目标)

但韩愈的时代,时俗又是怎样的呢? 进入第 2 段的学习。

(三)转——小人物,大风格

流程:

1. 品读文字,掌握字词。(完成文言目标)

2. 理清逻辑,梳理层次:

这一环节主要从"愚"与"圣","古"与"今","大"与"小","下"与"上"几个方面的对比入手,以这几个字作为理解全段含义、主题的关键,从而以点带面,完成教学。(完成文言目标)

3. 深入探究,拓展主题:

在几组对比中,我紧紧抓住"愚"字,设置问题,让学生思考:①耻学于师,谁会愚昧? ——耻从师害己——使己愚;②择师教孩子句读,会让谁愚昧? ——己与子俱愚;③"群聚"而笑"百工"之人,显示谁的愚昧——己与人俱愚。(完成

文学目标)

4.教师引领:该段中,韩愈恰恰是从百工之人这些"小人物"身上,看到了丢失已久的从师学习的传统,进而见出从士大夫到今之众人的愚昧无知,反讽之意不言而喻,小人物映出了大风格。(完成文化目标)

那么,师生之间到底应该保持什么样的关系呢?进入第3段。

(四)合——小事例,大主题

流程:

1.品读文字,掌握字词:术业……(完成文言目标)

2.理解文意,把握主题:圣人无常师。

3.设疑引导,逐层深入:

作者在这一段中如何论证师生关系的?运用了哪种论证方法?引导学生从圣贤孔子以郯子、苌弘、师襄、老聃为师中感悟正确的师生关系,把握举例的论证方式。(完成文学目标)

4.教师引领:该段中,韩愈以万世之表——孔子尚且虚心求教为例,小事例说明了大主题,圣人无常师,三人行,则必有我师。并回归到课文的开始,韩愈《师说》为谁而作,既是为李蟠而作,更是为世人而作,为后人而作。文章至此完成了起、承、转、合。而这篇《师说》千载之后,仍然历久弥新,具有穿越时空的恒久价值和魅力。(完成文化目标)

【片段教学】

下面是我的片段教学,我选取的是第三个教学环节"转——小人物,大风格"。

同学们:课文的第2段是全文字数最多的段落,但只要我们掌握方法,问题都会迎刃而解的。

一、品读文字,掌握字词

首先我们来品读文字,掌握字词。老师先来范读第2段,同学们注意老师的读音、节奏、情感。

现在同学们齐读这一段,读准字音,读出情感和节奏。

再来听名家范读。该段文字主要从"愚"与"圣","古"与"今","大"与"小","下"与"上"几个方面的对比入手,请同学们边听边圈画出关键字词。

书读百遍,其义自现,现在同学们根据刚才对文章的理解,填写下列表格。同位之间可以互相讨论。

论据	正确态度	错误态度	作者的议论抒情

现在请一位同学填表。哪位同学还有补充? 加上小李的补充,这张表格就非常完整准确了。同学们也能清楚地看出,该段运用了哪种论证方法? 大声告诉老师。对,正反对比论证。

下面我们就具体来看看作者是怎样巧妙论证的。

二、理清逻辑,梳理层次

这段可分为 3 个层次。分成 3 个小组,各小组重点研读一个层次的内容。

1. 圣人与众人从师态度有何不同?

2. "出人"是什么意思? "下"是什么意思?

3. 圣人为圣的原因? 众人愚昧的原因?

何谓"小学"? 何谓"大遗"?

世人对待孩子的学习是什么态度? 对待自己呢?

童子之师教授的是哪些内容? 和韩愈所说的从师有何不同?

士大夫之族对于从师态度是什么? 为什么?

百工之人对于从师又是什么态度?

韩愈对这两种人又是如何评价的?

三、深入探究,拓展主题

通过以上的讨论分析,请同学们思考:

(1)耻学于师,谁会愚昧?　——耻从师害己,使己愚。

(2)择师教孩子句读,会让谁愚昧?　——己与子俱愚。

(3)"群聚"而笑"百工"之人,显示谁的愚昧——己与人俱愚。

由此可见,不从师求学,不尊师重道,一个注定是愚不可及的,甚至还会愚及子孙。

教师引领:

同学们,在这段中,韩愈恰恰是从百工之人这些"小人物"身上,看到了丢失已久的从师学习的传统。巫医乐师百工之人互相学习、切磋进步,小人物身上映出了大风格,显现出动人的光辉。而就在光辉之中愈发凸显出从士大夫到今之众人的浅陋无知、愚昧可笑。

四、空字背诵法

师:这么经典的文字,我想我们应该熟读成诵,铭记于心。先听老师来背,老师背得好吗? 我背古文是有秘诀的,那就是(空字)背诵法。我背的是第 2 段整段,这节课只要求同学们当堂背第 2 段的第 2 句,我相信你们有这个实力。大家认真看大屏幕,一边读一边背,尽量把字记到脑子里,因为这些字很珍贵,一些字一会儿就会消失了。

(齐声读一遍)

现在一些字已经消失了,大家齐声背课文,如果背不过也可以看一眼书。很有挑战性,现在越来越难了。

看这次还能不能背过呢?(我相信你们有这个实力)哪位同学能当堂背一背?

这么短的时间背得已经很好了,大家掌握了这个方法,可以在以后的背诵中运用,每次都会背得又快又好。

让我们在齐声诵读中体悟精神,感悟经典。

第三节 《石钟山记》说课稿

【教材分析】

《石钟山记》是人教版语文教材第一册第六单元的课文,单元话题是"赏析自然的杰作"。《石钟山记》文质兼美,情理并茂,被古人誉为"坡公第一首记文"。把它确立为本单元的重点讲读课文,是因为它既承担了落实本单元教学重点的任务,又承担了对学生进行文学审美教育的责任。学习该文,在准确把握文言现象、疏通文意的基础上,还应该注重对文章语言的鉴赏,感悟情感,探讨理趣。

【学情分析】

知识储备:高一学生,已经积累了一定数量的文言词汇与文言句式,基本具备独立的阅读能力。本课注释详细,学生能大致了解文意,继而能在教师的指导下进行自主、合作的探究。

专业特点:我的授课对象为珠宝专业学生,他们思维敏捷、个性张扬,但缺少对人生的理性思考,理解并探究本课主旨,恰好弥补其不足。但授课要深入浅出、理趣并重,在情趣激发中逐渐渗透人生哲理。

【教学目标】

基于教材与学情,结合对本课的理解,紧扣文本,可以将教学目标整合为文言、文学、文化三个方面。

(一)文言目标

1. 掌握重点实词、虚词,基本读懂课文。

2. 培养利用课文注释阅读文言文的能力。

(二)文学目标

学习叙议结合,借记游说理的写法,赏读本课文辞之美、理趣之妙。

(三)文化目标

理解课文所阐发的哲理,学习作者反对臆断、重视考察的精神。

【教学重点难点】

根据学生实际和教学目标,确定教学的重点与难点如下。

1. 了解文言实词、词类活用、一词多义和通假字。

2. 掌握作者"事不目见耳闻,不可臆断其有无"的观点。

【教学方法】

为完成上述目标,确定本课的教学方法有以下两种。

1. 文本赏读法:教师范读、学生诵读,通过文本解读文意。

2. 情境渲染法:教师引导、学生体悟,通过文意理解内涵。

【教学手段】运用多媒体课件辅助教学法。

【课时安排】两课时,本节课为第一课时。

【教学过程】

基于以上分析,本节课我将用四个"一"架构整个授课过程的起承转合:

起——一位文坛奇才

承——一个千古之谜

转——一次实地考察

合——一种思考精神

一、起——一位文坛奇才

林语堂这样评价苏轼:"是一个不可救药的乐天派,一个伟大的人道主义者,一个百姓的朋友,一个大文豪,大书法家,创新的画家,造酒实验家,一个工程师,一个假道学的憎恨者,一位瑜伽术修行者,佛教徒,巨儒政治家,一个皇帝的秘书,酒仙,心肠慈悲的法官,一个政治上的坚持己见者,一个月夜的漫步者,一个诗人,一个生性诙谐爱开玩笑的人。"湖南作协主席方方曾说:"假如将苏东坡连根须带枝蔓地拔起,我相信,整部中国文化史将因之而失重。"

"唐宋八大家""韩潮苏海"——散文

"苏黄"——诗

"苏辛"——词

"宋四家"——书法

该文被古人誉为"坡公第一首记文"。(板书课题作者)

二、承————一个千古之谜

石钟山简介:在我们江西的湖口,鄱阳湖入长江的地方,有山名叫石钟山,山的面积并不大,还不足 1 平方千米,绝对高度也只有 70 米上下,就说是交通方便,风景幽美,也不至于成为人们纷纷前往的旅游胜地。那么,是什么原因使它声名鹊起,名满天下的呢? 其实这与它的名字有关。

进入课文第 1 段的学习。

(一)研读第 1 段

本部分分为三个环节:初读认知—范读正音—细读释意。出示文言知识表格:通假字、古今异义、词类活用、一词多义、特殊句式。完成文言目标。

(二)郦道元和李渤的观点(学生找到)

"郦元以为下临深潭,微风鼓浪,水石相搏,声如洪钟。"

"得双石于潭上,南声函胡,北音清越,桴止响腾,余韵徐歇。自以为得之矣。"

那么到底如何呢? 我们不妨先看看苏东坡的说法吧。

(三)苏东坡的疑问

针对郦道元的说法,苏东坡质疑的是什么?

学生找到课文:"今以钟磬置水中,虽大风浪不能鸣也,而况石乎!"

针对李渤的观点,苏东坡又提出了什么疑问?

学生找到课文:"石之铿然有声者,所在皆是也,而此独以钟名,何哉?"

作者对郦说用"人常疑之",对李说则用"余尤疑之",从这里可以看出什么问题来?("人常疑之",我未必疑,或疑信参半,不是完全否定,但仅据文字表面意思,又难以肯定;"余尤疑之",疑的程度胜过他人,有否定之意,而又拿不出证据——可见对郦、李二说的态度是不相同的。)指出:这是为下文写"察"作铺垫的。

写作者对有关石钟山命名由来的两种说法提出质疑,突出实地考察的必要性,是作者考察的缘起和展开下文的依据。

看来，我们还真得找到一些有力的证据，然后才能发表见解。还是让我们与苏东坡一起去做一次实地考察吧，没有调查就没有发言权。

所以开头第 1 段议论，引出下文的实地考察。

三、转——一次实地考察

1. 主要环节：学生自读，视频激趣，表格填空。

设想：采用阅读、视频、填表三种方法，激发学生兴趣，强化该段主要内容。自读认知文本，视频了解大意，表格强化重点，逐层深入。基本了解了该段的字词、语句和大意，完成"文言目标"。为进一步理解该段内容打下基础。

苏东坡毕竟不是学地质的，他来到石钟山只不过是路过。请大家找出，他是什么时候因什么事情而到了石钟山。

学生找到课文："元丰七年六月丁丑，余自齐安舟行适临汝，而长子迈将赴饶之德兴尉，送之至湖口，因得观所谓石钟者。"

苏东坡的观点：此山得名还是与声音有关。

第一种声音：学生找出"噌吰如钟鼓不绝"，且指出其发声位置为山下。

第二种声音：学生找到"窾坎镗鞳之声""与向之噌吰者相应，如乐作焉。"且指出其声音发自两山之间挡在中流的大石中。

2. 命名与声音有关，也与史料有关。

先让学生找出两种声音与什么发出的声音有关，学生应该能找到"汝识之乎？……古之人不余欺也。"

这里涉及《国语》与《左传》的一些记载。问题是山的命名与"钟"字有关，"钟"在古代就是乐器，代表例子有编钟。那么，此山的名字当是取山之发音如"钟"这个乐器一样发音美妙。

3. 文中还描写了哪些声音？（苏东坡夜泊绝壁之下的情景描写有什么作用?）

让学生找出阴森恐怖的景物描写，学生当能找到"大石侧立千尺，……或曰此鹳鹤也。"这就说明到绝壁之下是要有胆量和勇气的，是一般人做不到的，说明实地考察是不容易的。（记叙是为议论说理服务的。）

教师指出：该文是一篇考察性游记，不同于一般的游记，不重山川风物的描绘,而重在因事说理。考察性游记也不同于一般议论文的写法,而是通过记游来说明事理。

写作者实地考察石钟山的情景,终于弄明白了山名石钟的真相,为下文转入议论、阐发主题铺垫。

四、合——一种思考精神

(一)教师范读,学生翻译

点明全文主旨,说明凡事须重"目见耳闻",不可轻信传说或臆断。是作者考察后的感想。

(二)研读第 3 段

1. 第 3 段得出了什么结论? 也就是课文的中心:"事不目见耳闻,而臆断其有无,可乎?"

2. 在作者看来,世人为什么不能准确知道石钟山得名的由来?

3. 作者对以上做法各持什么态度?

明确并板书:

```
所  ┌ 郦元        ——言之不详        (叹)
    │
以  │ 士大夫      ——不肯夜泊绝壁下      (惜)
    │
不  │ 渔工水师    ——知而不能言        (惜)
    │
传  └ 陋者(李渤)  ——考击以求        (笑)
```

无论是渔工水师还是士大夫,或者像郦道元一样的学者,要弄清山得名的原因都是不大可能的,这其中最为根本的条件还是要亲自考察。所以,苏东坡不无得意之色,因自己夜泊绝壁之下而得意,也因为得意而"叹郦元之简,而笑李渤之陋"。而他的调查为他赢得了评说石钟山得名原因的心理自信,所以我们说,没有调查就没有发言权。

(三)探究

关于石钟山的得名,后人又有了新的看法,苏轼的这篇文章还值得我们学习吗?

虽然后人有了新的看法,认为石钟山是因山形像覆钟而得名的,今人经考察又认为石钟山是因"形"和"声"两方面而得名的。苏轼的说法不完全正确。但并不能因此否定苏轼的努力。人们对于客观事物的认识,本来就有一个过程,而且后人对苏轼说法的怀疑、察疑、释疑,正是和苏轼的不迷信古人,不轻信旧说,不主观臆断,而自愿亲身实地观察的精神一致。他所倡导的不主观臆断,不人云亦云,敢于质疑、善于思考的精神正是我们现在所需要的,所缺失的。希望同学们能学习这种精神。(完成了文学文化目标)

小结:苏轼的文学观点强调文学的独创性、表现力和艺术价值。他的文学思想强调"有为而作",崇尚自然,摆脱束缚,"出新意于法度之中,寄妙理于豪放之外",作者由质疑、解疑到释疑,语言如行云流水,平易流畅,收放自如,记叙、议论环环相扣,达到情与景、事与理的浑然融合。

五、布置作业

1. 熟读,背诵文章第2段。

2. 针对本节课的讨论,写一篇300字左右的文章,角度自选,题目自拟。

作业布置结合教学目标,结合文本,思考人生,并为下一节课做好预习准备。至此,本节课目标基本完成,重难点基本解决。

第四节 《张衡传》教学实录

【教学目标】

1. 了解文本所涉及的古代文化常识,把握重要文言词句的含义。

2. 学习传记文的特点。

3. 学习张衡的治学精神和高尚品质。(德育目标)

【教学重点】阅读分析"候风地动仪"一段。

【教学难点】学习人物传记的写法。

【课时安排】共两课时,本课为第一课时。

【教学过程】

一、情境导入,提出问题

师:在苍茫的星空中有一颗闪耀的星叫张衡星,那是国际天文学联合会将太阳系中编号为 1802 的小行星,以张衡的名字命名的,表达了全世界对这位科学巨匠崇高的敬意。在悠远的中华历史中,有一个闪耀的名字是张衡,他的科学贡献和高贵品质为世人永远铭记。那么,张衡是怎样成为世界闻名的伟人的? 他为什么能成为世界闻名的伟人呢? 我们一起到本文中寻找答案,现在我们来学习《张衡传》。

二、文本深入,解读传记文体,了解张衡成就

(一)总结"蓝墨云班课"上的预习情况

师:我们学习文言文,从开始的预习到最后的知识总结,都要完成文言知识列表。这节课的文言知识列表,除了和以前一样有文学常识——生字、通假字、古今异义、词类活用、特殊句式外,大家还要注意有关官职任免的文化常识。下面来看预习情况。

预习为阅读两个资源文件和完成四个测试作业。两个文件:了解作家作品,同学们先自己查找资料,再根据提供资料查缺补漏;先根据课下注释翻译课文,再参照资料进行补充修改。可以看出大家都获得了经验值,都完成了。四个作业的第一个,选择喜欢的段落朗读并上传,同学们也都已上传。朗读的要求是读准字音,注意语速、语调、停顿,读出感情。这次最高分是 40 分满分,有的同学得了 24 分,是有读错的字音。有的同学读音准确,扣分是因为语速太快或者没读出感情。第二个作业是思考题:文章从哪几个方面介绍了张衡的成就? 第三个作业结合课下注释完成通假字、古今异义词、词类活用的文言知识初步积累。第四个作业找一找文中出现的特殊句式并附上例句。后两个作业大家的正确率都很高,分数差别主要在总结的全不全,成绩不理想的同学我又提供了一次修改机会,课后再补充完整。

《张衡传》虽然是一篇文言文,但它语言很简洁平白。理解起来难度不大。

我们已经扫清了文字障碍,下面进入深入的学习。

(二)听读课文

进一步正音,加深对文章的理解,并划出文中表示时间的词语。

师:哪位同学说一说你找到的表示时间的词语? 你可以看出文章有什么特点?

生:作者从第 1 段中的"衡少善属文""永元中",写到文章末尾"年六十二,永和四年卒",按时间顺序写了张衡的一生。

师:传,又叫传记,记述一个人的生平事迹。这是传记文的第一个特点,以时间为序介绍人物的一生。(点)

(三)重点研读

了解张衡成就,学习人物传记的写法。

师:我们看第 1 段,文章开始写道"张衡,字平子,南阳西鄂人也",这是介绍了什么?

生:介绍人物的姓名、籍贯。

师:传记一般先介绍人物的姓名、籍贯,然后介绍人物事迹,来突出人物的特点。在介绍了张衡的姓名和籍贯后,文章从哪几个方面介绍了张衡的成就呢?

师:大家注意一个字"善",这个字在文中几次出现,"善"是形容词活用作动词,擅长的意思。你能尽量用文中的词语总结张衡的成就吗?

生:善属文、善机巧、善术学、善理政。

师:请具体解释一下。

生:善属文是擅长写文章,是文学成就。善机巧是擅长制作灵巧的装置。善术学是擅长天文历算的术数学问,善机巧善术学是科学成就,善理政是政治成就。

师:文学、科学、政治这三个方面的成就哪一方面详写呢? 为什么?

生:详写科学方面。因为提起张衡,首先想到他是一个科学家,他被称为科圣。因此,作者不惜笔墨,详写他的科学成就。

1. 研读第 1 段善属文。

师:具体来看这三方面的成就——先看善属文。

师:张衡的文学成就有哪些?

生：作《二京赋》。

师：张衡为什么写《二京赋》呢？

生：因以讽谏，用它来向朝廷讽喻规劝过度奢侈的社会风气。

师：张衡是怎么完成《二京赋》的？

生："精思傅会，十年乃成"，精心构思，历时十年。

师：就因为这篇精彩的文章，辅政大臣大将军邓骘特别欣赏张衡，"奇其才"——认为他是奇才，"累召不应"——屡次征召他，但是张衡不去应召。就像唐诗、宋词、元曲、明清小说一样，每个朝代都有他最盛的文体，汉朝最盛的文体是赋。正因为赋写得好，张衡与司马相如、扬雄、班固并称"汉赋四大家"。

2. 研读第 5 段善理政。

师：我们再来看第 5 段善理政。这段虽然短，却有不少官职任免用词，请大家找出来。

生：出，调离京城；下车，官吏初到任；视事，任职；乞骸骨，请求退休；征拜，任命。

师：第 5 段的官职任免用词最集中，请大家画出来，课下和文章 1～4 段中的官职任免用词一起整理到文言列表中。

师：你能看出张衡为政有什么特点吗？

生："称为政理"——大家称赞他政治清明。

师：张衡是怎么具体做到政治清明的？

生：他把"共为不轨"的"豪右""一时收禽"。

师：禽通擒，逮捕，一下子同时把为非作歹的豪族大户同时逮捕起来，按我们现在的话说他扫黑除恶。张衡是一个为政清明的父母官。

3. 研读第 2～4 段善机巧、善术学。

师：看作者是怎样介绍张衡的科学成就的。

师：张衡制作了哪些灵巧的装置？

生：两个发明——浑天仪、候风地动仪。

师：张衡术数方面的学问有哪些？

生：两部著作——《灵宪》《算罔论》。

师：详写了哪个科学成就？

生：候风地动仪。

师：为什么详写候风地动仪？

生：传记篇幅有限，挑最重要的详写。

师：是啊，传记，记叙一个人的生平，不必要也不可能把一个人的全部经历事无巨细都写进文章中，要选择一生中最具代表性的事件，表现他的为人及其对社会的影响，来突出人物的最主要的特点。文章详写张衡的主要成就——科学成就，特别详写张衡最重要的科学成就——候风地动仪。

这是传记文章的第二个特点：写人物突出重点活动，详略得当。

师：我们来重点学习第 4 段——候风地动仪。大家齐读第 4 段，边读边思考，作者从哪几个方面介绍了候风地动仪？

生：时间、材料、外形、构造、功能、效果、评价和使用这几个方面。

师：现在小组合作，完成下面表格。

时间	阳嘉元年
名称	候风地动仪
材料	以精铜制成
外形	员径八尺，合盖隆起……鸟兽之
构造	中有都柱……周密无际
功能	如有地动……乃知震之所在
效果	验之以事，合契若神
评价	自书典所记，未之有也
使用	乃令史官记地动所从方起

（分三个小组，每小组解决三个问题，小组派代表填空完成表格。）

师：张衡创作《二京赋》是"因以讽谏"，他精思附会，十年乃成。这么精美、精妙的地动仪，张衡一定倾尽了很多的精力和心力。那么同学们想象一下，张衡为什么要发明地动仪呢？

生：古代通讯不发达，发明地动仪是为了早点知道地震的情况，及时赈灾。

师：说得很好。张衡所处的东汉时代地震频繁，公元 92 年到 125 年，30 余年就发生了 26 次大地震，震区有时大到几十个郡。地裂山崩，房屋倒塌，河流泛滥,张衡肯定见过没得到及时救助的百姓,应国家和百姓所急发明的地动仪。地动仪造型精美,构造精巧,技术精密,灵验如神。你能根据文中这段文字简单勾画出地动仪的轮廓吗?相信咱珠宝专业的同学有这个能力。

(学生在纸上简笔勾画地动仪,教师巡视,选出画得好的,然后展示。)

师:这是同学画的。

师:(课件出示图片)这是中国台北故宫博物院展出的地动仪模型,是现代科学家王振铎等人根据文中这段文字将其还原而成的。可以看出同学们画得真棒!作家的文笔真厉害!让人读了文字,都能想象出地动仪的样子,文章的语言是多么形象生动。

师:这段甚至可以单独成篇的说明文字很短,只有 196 个字,却从八个方面全面介绍了地动仪,其中有许多处是省略句,我试着补充了一下。大家看字数多了这么多。可以看出文章的语言除了形象生动外,和我的语言相比还有什么特点?

生:文章语言很简练。

师:这是传记文章的第三个特点——语言简练,形象生动。

师:(出示地动仪图片,补充张衡的成就)我们看这个精妙绝伦的仪器,它又是一个堪称完美的艺术品,它其实是张衡多种才能的结晶。张衡是地震学家,候风地动仪是世界上第一台测定地震及其方位的仪器,比欧洲早 1700 年。制作地动仪要先设计再制图,你看多么美!因为张衡是艺术家,是东汉六大画家之首。地动仪要运用到数学知识,张衡又是数学家,《算罔论》是数学著作,他算出了圆周率是 3.16,比祖冲之早 300 多年,比欧洲早了 1300 多年。地动仪涉及物理学,涉及机械知识。像这样的发明张衡还有很多,如地理学上的"记里鼓车""指南车",气象学上预测风力、风向的候风仪,机械学上世界上第一台飞行器"独木飞雕",还有文中一笔带过的天文学上的浑天仪。我们知道张衡是文学家、是政治清明的父母官,他又是地震学家、画家、数学家、物理学家、机械学家、地理学家、气象学家、天文学家。我由此想起了《在马克思墓前的讲话》中恩格斯高度评价马克思是全面发展的伟人,这句话也完全可以用来评价张衡,张衡在他研究的每一个领域都不是浅尝辄止的。

(课件出示名言)1956 年,郭沫若为南阳重修的张衡墓题词时说:"如此全面发展的人物,在世界上亦所罕见。"

师:因此全世界一直高度评价张衡。为纪念张衡,我国发行了邮票,建了博物馆;人们还将月球背面的一环形山命名为"张衡环形山";将1802小行星命名为"张衡星"。

师:我们已经全面了解了张衡的事迹,大家思考,为什么张衡会有如此高的成就呢?你能从文本中找到答案吗?同位之间可以交流。

生:张衡的治学上态度严谨、勤学不辍、潜心治学;广度上基础宽厚、博学多才、文理兼通;意志上坚忍不拔、敢为天下先;道德品质上质朴谦逊、不慕名利、忧国忧民、勇于担当、德才兼备。

师:同学们说得都不错。正是因为治学精神和高贵的品质,才造就了张衡,张衡才能取得如此成就,成为世界闻名的伟人!

师(课件出示名言):张衡在《应闲》中也表达了这样的心声,"君子不患位之不立,而患德之不崇;不耻禄之不夥,而耻智之不博",谁来翻译一下?

生:君子不担心职位不够而担心道德不高,不以俸禄不多为耻而以学识不博为耻。

师:从这句话你可以看出张衡不追求什么?追求什么?

生:不追求职位和俸禄,追求道德和学识的进步。

三、生活引入

师:透过历史的烟云,我们认识了伟大的张衡,这一切应该感谢《后汉书》的作者范晔。范晔,字蔚宗,南朝宋时期史学家。《后汉书》写的是东汉的历史,是纪传体断代史,二十四史之一。因为有极高的历史价值和文学价值,《后汉书》与《史记》《汉书》《三国志》合称"前四史"。

读史可以明智,以人为镜,可以明得失,我们学习《张衡传》不仅仅是要认识张衡这个伟大的人物,是要以张衡为镜,明我们自己的得失。学习了张衡传,你有什么收获呢?

生:我们也要像张衡一样,态度严谨地勤奋学习、广泛学习,不计个人名利,忧国忧民勇于担当。

师:在中华的历史天空中,有许多像张衡星一样闪耀的星辰,他们就是我们中华民族的脊梁。他们以高贵的品质、广博的学识、卓越的贡献让我们敬仰，比如智勇双全、舍身救国、不计个人得失的蔺相如，比如以四川的民生为使命死钻几载建成都江堰的李冰，比如96岁高龄依然每周至少做三台手术的吴孟超大夫……他们身上传承着中华的责任担当、民族精神。正如同学们所说，我们要在张衡星光芒的指引下，奋力前行，成为越来越好的人，我们也要做民族精神的传承者，这就是学习《张衡传》的意义吧。这就是我们从史传作品中汲取的力量！

四、布置作业

师：看今天的作业，作业有三个。一是完成文言知识列表；二是小作文，《张衡传》读后感；三是阅读《后汉书》中《范式列传》《儒林列传》。有余力的同学可以整本阅读《后汉书》。

我用张衡的话来结束这堂课，人生在勤，不索何获，老师和大家共勉，下课！

【板书设计】

第八章　轻叩写作的门扉

第一节　中学作文教学呼唤创新教育

随着创新时代的到来,不论从国家和民族的角度,还是从人发展的角度看,实施创新教育已成为当代基础教育的基本指向。语文教育作为基础教育的核心组成部分,理应成为创新教育的主阵地。作为中学语文教学重头戏的作文教学,更是亟须实施创新教育。在语文教学过程中,作文应是最具有想象力和独创性的实践活动,应是最能展现学生个性、抒发独特感受的心灵空间,理应成为他们所喜爱的学习活动。可现实却不尽如人意,我们看到学生对写作感到索然无味,视写作为畏途;广大教师虽殚精竭虑,但仍收效甚微。根本的问题在于传统的作文教学模式早已滞后于时代,不利于培养学生的创新意识和创新能力。正如特级教师于漪指出的那样,传统作文教学"定格在应试教育上,忽视写作能力的培养对学生良好素质的形成和今后发展的重要作用";"重视写作技巧的训练,忽视写作整体素质的培养""指导模式化,训练模式化,压抑了学生的写作积极性、自主性"①。

2001 年由教育部颁布的《全日制义务教育语文课程标准(实验稿)》(以下简称《新课标》)明确指出:"语文教育应该而且能够为造就现代社会所需的一代新人发挥重要作用。"应该"在发展语言能力的同时,发展思维能力,激发想象力和创新潜能"。《新课标》进一步指出:"写作是运用语言文字进行表达和交流的重要方式,是认识世界,认识自我,进行创造性表述的过程。写作能力是语文素养

---

① 于漪《中学作文教学导论》,山东教育出版社 2001 年版,第 15 页。

的综合体现。"并在初中学段的课程目标中提出：①学生写作要"表达真切体验"；②学生写作要"表达独特感受"；③学生写作"力求有创意地表达"。这给作文教学指出了创新的方向。

因此，从培养人的需要出发，从时代需要出发，本着国家课程教材改革的精神，中学作文教学必须渗透创新教育的理念，确立中学作文教学创新的价值取向，从而推动作文教学改革不断向前发展。

创新作文教学，就是以创新教育的精神和理念为指导，在中学作文教学中凸显学生的主体地位，鼓励学生张扬个性，激发学生创新思维，引导他们写出富有个性和创造性的文章，从而培养他们终身发展需要的写作能力和创新能力的教育实践活动。

首先，它是追求创新思维的教育活动。在作文教学中，教师应引导学生自觉追求创新思维，勇于突破旧思想、旧观念和旧规范对心灵的禁锢，培养开放、发散、创造的思维品质。由北京大学等七所著名高校与上海《萌芽》杂志社联合举办的"新概念作文"大赛，提倡新思维、新表达和真体验，开作文创新教学之气。严格地说，所谓富于创新气息的作文应体现出时代精神的新思维、新观念。因此，在作文教学中要有意识、有步骤地发展学生质疑求异、深刻新锐的思维品质。第一，是引导多角度的质疑求异，诸如教师要启发学生从侧向、逆向角度对已成定论的社会、自然现象作求异思维，以图打破思维定式，开拓新思路，获得新感悟。如"出头的橼子先烂"，可以反弹琵琶，论一论"新时代中，出头的橼子未必先烂"；"艺高人胆大"，但是也要看到"大意失荆州""河里淹死的多是会水的人"。第二，在善疑基础上启发学生透过世相，深入内里，探求本真，切忌任由公式化思路从事物表面轻轻滑过。教师要创设民主、合作的学习情境，用宽松和谐的思辨氛围催生具有深度的创见，宽容并鼓励虽有偏颇之处但闪烁着智慧火花的优秀作文。引导学生从习焉不察的生活中挖掘灼灼的意蕴，从周而复始的自然景观中寻求与人类精神的契合，从貌似平凡的社会现象中提炼振聋发聩的启示……总之，教师在作文教学中要诱导学生将侧向与逆向，单一与多元，发散与收敛等各种对立统一的思维形式有机地融为动态立体思维结构，从而写出富有创见和新意的文章。

其次，它是追求真切体验的教育活动。在作文教学中，教师要引导学生真实、真诚地感受生活，抒写真切的内心体验，实现写作主体自我心灵的开放。写作是一种复杂的、综合性的精神生产劳动，写作是一种行为运作过程。行为运作得靠"动力"，没有写作主体的"内动力"，"生产劳动"就难以顺利完成，当然也就谈不上有创新的好产品。学生之所以"畏写""厌写"，就是因为缺乏这种"内动力"，缺乏真情实感和吐露的欲望。

真正的写作是"情动而辞发"的过程。学生写作文，与做理科习题不同，只有贯注真情实感，展示丰富多彩的内心世界，才能写出有个性、有境界的佳作。正如王国维所说："境非独谓景物也，感情亦人心中之一境界。故能写真景物、真感情者，谓之有境界，否则谓之无境界。"因此在作文教学中要启发学生打开心灵，引导学生真实、真诚地感受生活，真切地表达独特的人生体验。所谓真实，就是勇于面对现实，全方位"摄取"生活的原生态，不但看到生活的"向阳面"，也注意到生活的"背阴面"；不但善于观察生活琐屑的表象，也善于透视生活的真谛和本质。所谓真诚，就是绝不先入为主地给学生外加一种非此即彼的情感取向和价值尺度，使他们以此来"衡量"和"匡正"生活，导致写作过程中的"真实的虚构"；相反，要引导学生从自我出发，在生活中逐渐形成自己的人生理念和价值标准。这样学生才不会"被降格为作文的客体"，而真正成为"作文的当然主体"。作文才会成为学生主动倾吐真情实感、抒写心灵体验的载体。也只有这样，学生才会写出富有个性和创造性的好作文。

最后，它是追求个性化语言的教育活动。在中学作文教学中应鼓励学生于运笔行文中显露个性，引导学生在字里行间挥洒自己的生命才情，以形成个性鲜明的语言风格。所谓个性化语言，体现在遣词、造句乃至文体的选择等各项硬指标与语调、文势和韵味等各项软指标，或深沉练达，含蓄久远；或质朴清纯，朗月清风；或铺陈排比，张扬气势；或华美高迈，多彩绚烂……凡率性而为，凸现生命本色，无所粉饰，无所遮掩，一任才情，张扬个性，皆无不可。当然，我们重视学生作文语言的个性化特征，并不意味着忽视某些基本要求，如贯穿语脉句序的通畅，吻合语境要求的得体，状物写形的准确，用词组句的简洁，整体风格的和谐等等，这仍是我们应密切关注的。只不过，与每个活生生个体相对应的，具有写作主体鲜明生命色彩的，有品位、出境界、成风格的个性化语言，才是作文教学创新教育的追求目标。只有个性化语言才可彻底挣脱文体陈规的束缚，实现作文语言的创新,于字里行间显现个性的光芒和创新的追求。

只有重新确立与时代精神相吻合的价值取向,中学作文教学才能充分调动学生的写作主体意识,培养他们独特的写作个性,使之写出富有创意和独特个性的好作文,培养出学生终身所需要的写作能力和创新能力。因此,中学语文教师必须确定创新的作文教学价值取向,用创新教育的理念来进行作文教学。

第二节　创新作文教学的实施

一、创新作文教学的实施原则

为了实现中学作文教学中的创新教育,在中学作文教学中,应遵循以下原则。

(一)主体性原则

所谓主体性原则,就是强调学生是写作活动中不可替代的主体。法国著名教育家保罗·朗格朗认为:"人就他的各个方面,他的种种处境的差异和他的责任范围来说,都构成教育的真正主体。"①在作文教学过程中,教师对学生的任何影响都要经学生自己的内化才能见效。只有真正确立了学生的主体地位,才能增强学生的主体意识和积极主动性,才能激发写作兴趣,最大限度发挥自身的创作潜能,从而实现作文教学中的创新教育。

首先,要凸显学生在写作中的主体地位。作为一种精神产品的生产劳动,写作是离不开行为主体的,而激发学生的主体意识,确立学生的主体地位,是实现作文教学中的创新教育的关键。创新教育"需要能够给儿童营造创新氛围、鼓励和支持儿童好奇心和探索精神的教师"。"而这样的教师首先应该转变的是原有的有上下之分,尊卑之别的师生关系,与学生之间建立起新型的平等、合作的交往关系。"②这就要求语文教师真正转变观念,发扬教学民主,尊重学生在

---

① 保罗·朗格朗《终身教育导论》,滕星等译,华夏出版社1988年版,第87页。

② 钟启泉、金正扬等《解读中国教育〈教育参考〉精选》,教育科学出版社2000年版,第279页。

学习中的主体地位。在整个作文教学过程中要始终启发、调动学生的主体意识，激发学生的创作热情和创新意识。比如，在作文教学设计时，要充分考虑学生现有实际水平、心理特征、个性差异；在作文指导时，应该引导学生多思考，多讨论，"给他们讲的应该尽量少些，而引导他们去发现的应当多些"①；在作文评改中，要以鼓励激扬为主，保护他们的写作热情和写作个性。只有这样，才能真正激发学生写作的兴趣和热情，进行富有个性和创造性的心灵表达，写出对社会人生的"独特感受"与"真切体验"。

其次，要营造自主宽松的写作氛围。一系列的追踪调查显示，每个创造者都具有独特的个性特征。而自由开放的宽松氛围，则是发展人的健全个性、开发人的创新能力的必要条件。应试作文教学的失误在于极大地限制了学生写作的自由，扼杀了学生的写作个性。因此在作文教学中应努力营造自由宽松的写作氛围，来培养学生的创新能力。《新课标》中明确规定："为学生的自由写作提供有利条件和广阔空间，减少对学生的束缚，鼓励自由表达和有创意的表达。"这就意味着语文教师必须在作文教学中为学生创设自由的写作环境，在作文命题、作文内容、作文形式上都给予学生充分的自由，使学生听任心灵之泉自由流淌，任凭思想之鹰展翅翱翔，真正体会到进行创造性精神生产的乐趣，写出充满个性和活力的文章来。

(二)开放性原则

"开放性是指学生接触社会，理解社会，进入社会的大课堂，成为学习的主人，教师要树立大语文教育观，实行开放性教学。"②苏霍姆林斯基曾说过："当儿童跨进校门以后，不要把他们的思维套进黑板和语文课本的框框内，不要让教室的四堵墙壁把他们跟气象万千的世界隔绝开来，因为在世界的奥秘中包含着思维和创造的取之不竭的源泉。"③为了有效地进行创新教育，作文教学必须解放思想，打破教材束缚，实现写作内容的开放；必须拓宽视野，突破课堂樊篱，实现

---

① 史爱荣、孙宏碧《教育个性化和教学策略》，山东教育出版社2001年版，第260页。
② 潘庆玉《语文教育发展论》，青岛海洋大学出版社2001年版，第184页。
③ 李希贵《中学语文教改实验研究——语文实验室计划》，人民教育出版社2001年版，第121页。

写作空间的开放。

首先,要引导学生跳出教材局限,扩大阅读范围,避免行文枯燥乏味、套话连篇。语文教师要引导学生于媒体、互联网上多读多听新鲜活泼的时文消息,对科技、文化、教育、经济、政治、体育等不同领域广泛涉猎,强化课外阅读,扩大词汇量和信息量。指导学生充分利用青少年时期这一记忆的黄金时期,多读多背一些经典诗文,这些名诗佳作不仅会给学生提供清澈不竭的文学和语言的滋养,而且融合在诗文中的风骨、情操、智慧还将成为学生提升人格理想的重要人文资源,化为一笔不可估量的精神财富。

其次,是跳出课堂束缚,扩大学习的外延。学生交际面窄,完全接受统一的同质文化,这使得他们生活底气不足,作文内蕴浅薄。因此要着力推动校园生活与社会有机接轨,将语文课堂向社会不断延伸,使写作主体由狭小自我向广大社会开放。语文教学应"沟通课堂内外,充分利用学校、家庭和社区等教育资源,开展综合性学习活动,拓宽学生的学习空间,增加学生语文实践的机会"。语文教师应指导学生"读好社会自然两部大著作",将五彩缤纷的社会生活引入课堂教学,或者带领学生的思绪飞进大自然、大社会中寻觅丰富的精神食粮,引导学生将单纯自我表白笔触转向对各种社会现象、媒体热点、新闻事件或人物的品评,转向对地球纷纭物象的深刻关注。只有在这种开放的学习活动中,学生的思维才会愈发开放、活跃,才会写出风格各异、内容丰富、视角独特的作文来。

(三)合作性原则

合作性原则,是指学生与学生之间,教师与学生之间围绕学习目标展开交流,共同进行探究。合作可以使具有不同的智慧水平、知识结构、思维方式、认知风格的成员互相补充,共同提高;可以改善课堂内的社会心理气氛,促进学生健康个性的不断发展。在作文教学中落实合作性原则,可采取以下几种方式。

一是学生个体与个体的合作。指学生自愿组合或教师按不同学习成绩的学生均衡匹配划分学习小组,小组成员之间围绕学习目标探究交流,合作互助。通过共同探讨,相互启迪,促进学生个体思维水平的不断发展,提高他们的个体语言表达能力。

二是学生小组与学习小组的合作。指教师分配各学习小组以不同的学习任务,小组成员合作完成后,小组与小组交流学习成果,共同探究提高。组与组的交流与合作,已是更高层次的集体智慧的交流与互补。除小组内个体间的交流,更有利于展开组与组之间的竞争,充分发挥学生的团队合作意识。比如草拟不同的作文提纲,然后交流提纲,互相提出修改意见。通过这种合作形式,学生们可以开阔视野、拓宽思路,不断提高智慧水平和思维能力。

三是教师与学习个体、小组间的合作。教师分配完写作任务后,以个体的身份,走入学生中。或与学生个体交流,或与小组集体交流,参与学生的合作学习,提出指导性意见。例如:评价同一篇文章,不同个体、小组有不同的分析角度,教师的参与起到了"导"的作用,使大家增加讨论的广度和深度。

四是学生个体与教师或与其他小组的合作。学生个体主动走近教师,与教师合作,希望得到启发和指导;走出自己的学习小组,与其他小组的个体交流合作,以求有更多的启发。这些学生个体多是有主见、能动脑、能深入思考的,他们"域外"合作的学习效果更明显。

在作文教学中,坚持主体性、开放性、合作性原则,才能够充分调动学生的主观能动性,不断拓宽他们的视野、激活他们的思维,不断深化作文教学的民主化,以保证在中学作文教学中顺利实施创新教育。

二、创新作文教学的具体实施

(一)优化作文命题,调动创新热情

"学生是学习写作的主人,他们对写作是积极主动,还是消极应付,是兴味盎然地动笔还是厌恶排斥,往往直接影响写作的效果。"兴趣是作文教学活动中最直接、最活跃的意向心理因素,在作文教学创新教育中发挥着重要作用。它不仅可以维系注意力,而且可以激发学生的创新热情,唤起学生真实的情感体验。如果教师在每一次作文教学的开始就能把学生注意力牢牢吸引住,就能够充分调动起他们的创新热情,写出富有创造性的作文。孔子曰:"知之者不如好之者,好之者不如乐之者。"只有"乐之"才能"乐思""乐写"。如何一开始就能吸引学生的注意力,引起他们的写作兴趣呢? 这就需要教师优化作文命题,从学生的生活实际、兴趣爱好出发来命题,使学生有事可写,有理可议,有情可抒,引发他们浓厚的写作兴趣,激发他们高涨的创新热情。

1. 命题形式多样化,提倡学生自主拟题。《新课程标准》指出:"为学生的自

主写作提供有利条件和广阔空间……提倡学生自主拟题,少写命题作文。"实践证明,学生最不喜欢写的作文是命题作文,最喜欢写"我手写我心"的自主拟题作文。自拟作文题目,便于学生联系生活思想实际,充分抒发对生活的独特感受和真切体验,写出"独抒性灵""各领风骚"的佳作。具体做法:①命意不命题或一个总命题下提供几个子命题,让学生结合实际,按照喜好自拟、自选题目。比如初二年级重点学写记叙文,在学习《阿长与〈山海经〉》等散文后可以建议学生写一篇散文。学生有心得能下笔的,可以根据教师建议自拟题目作文;学生无心得不能下笔的,也可以随意写当时想要说的话、想要表达的思想。又如,以《我的老师》为总命题,下设几个子命题,《难忘我的老师》《师生如父子》《老师,我希望您这样》《我心中的老师》,学生自主选题或围绕总命题自主命题。②写话题作文。话题作文可以为学生提供一个宽泛自由、具有开放性的表达空间,有利于他们去展开各种类型的思维,多角度构思、立意,多侧面、多层次表达。话题作文的主要特点是讲究取材的新颖性和构思的独特性,重视内容和形式的全面创新。以下就是一个典型的话题作文题目:有句歌词是"读你千遍不厌倦,读你的感觉像三月……",请以"读……"为话题写一篇作文。要求:角度自选、文体不限;题目自拟,不少于 800 字。从题目所给的信息看,这个"读"不限于读书了,提供的写作范围非常广泛,易于激发学生多种联想和想象,易于唤起他们心中的真情实感,写出创新的好作文。

可见,以学生自拟题目为主的命题方式,在作文题目、内容、形式上都给学生以选择的机会和自主的权利,使其动笔时可以说出当时最想说的话,可以表达当时最想要表达的思想。这种命题方式,体现了使学生真正成为写作主体的教学主张,易于激发学生的写作兴趣和表达欲望,进而调动"非写不可、非写好写新不可"的创新热情,从而达到良好的教学效果。

2. 注重命题的导向作用,变应试作文为应需作文。随着知识经济的到来,日常的写作活动越来越频繁,实用性文体在社会生活中越来越重要。西方各国都特别注重实用文体的写作训练。因而在中学作文教学中教师应顺应时代,崇尚实用,以培养学生的实用写作能力为要旨。变应试作文为应需作文,加强实用性文体的写作训练。使学生认识到写作与自身发展的密切关系,体会到写作的实用价值,这无疑会大大激发他们的写作兴趣和创新热情。同时,由于有了明确的读者对象,有了确定的实用价值,学生的创新热情油然而生,创新的思想火花纷至沓来,个性化语言汩汩而生。例如,结合生活实际进行书信写作训练,针对染上吸烟恶习的学生,引导学生们写一封信规劝他戒烟;再如这样一个作文命题:"假如二十年后的你是一位服装公司的老板,某天的工作计划如下,拟一份跟厂家的货物供销合同,给顾客写一份新产品说明书,作为某一社会福利组织的一员到电台发一个为灾区人民捐赠的倡议书,给久别的朋友写一封亲笔信。请你现在选择两项工作完成。"这种作文题目与学生的未来生活密切相关,易于激发学生的浓厚的写作兴趣,调动他们的创新热情和创新思维。

3.重视智能的创新导向,命题求新求奇。喜欢新鲜有趣、别出心裁的事物,是青少年共同的心理特点。作文教学可用新奇的、具有一定智能含量的题目来调动学生的创新热情,使其展开联想和想象,运用发散和求异思维,写出立意新颖、境界开阔的文章。1999年全国高考作文题目《假如记忆可以移植》就是一个要求学生充分展开想象的新颖命题。正因为这个命题特有的包容性,激发了学生创新的热情和智慧才气,才出现了许多令人惊叹的好文章。同时,这次高考命题给作文教学提供了很好的范例,指出了作文命题的创新导向。比如《假如我有一百万》《二十年后的我》《北京——2008年奥运会》等等都适合中学生富于幻想的心理,能调动其写作兴趣和创新热情,有利于迅速提取储存在头脑中的个人体悟和知识储备,写出新奇的佳作。

命题方式合理与否直接关系到作文教学中创新教育的成败,因此在作文教学中要优化作文命题,既要兼顾共性,又要尊重个性,使学生真正意识到"我是写作的主体",变"要我写"为"我要写"。只有这样,他们才会以浓厚的写作兴趣和饱满的创新热情投入到写作中。

(二)强化作文训练,培养创新思维

写作过程实际上就是信息处理的流程。从起始阶段对客体自然信息的反应与选择,到大脑的转换加工成为写作主体的自为信息,然后编码组合为新的人工再生信息,这整个流动过程,无不体现作者多方面的思维能力。作家刘心武在《同文学青年对话》中指出:"倘若仅仅是有生活,而不对生活进行深入的思考,从而形成对生活的某一方面的独到的深刻的见解,那么,写出的作品当然也不可能有什么深度。"刘心武说的"思考"就是思维。而"独到深刻的见解",涉及的就是作文教学中创新教育所追求的创新思维。创新思维指"突破原有的思维范式,重新组织已有的知识、经验、信息等要素,在大脑思维反应场中超序激活后,提出新的方案或程序,创造出新的思维成果的思维方式"。"是在一般思维的基础上发展起来的,是由多种思维类型在创造活动中的一种有机结合、聚变式重构并产生突破性飞跃的思维新范式,是人类思维能力高度发展的表现,是创造力的核心。"[①]那么,如何培养学生的创新思维,以实现中学作文教学中的创新教育呢?

1. 提高学生的观察和体验能力,培养创新思维的敏感性。只有善于观察、善于体验的人才会敏锐地捕捉到稍纵即逝的信息,才会敏感地获得事物的真谛,才会有创新的发现和收获。因此,要提高学生的写作水平,培养他们的创新思维,必须从发展学生的观察能力和体验能力入手。首先,要激发观察兴趣,把学生的无意知觉引导到有意知觉的轨道。教师可以常用大自然和社会中的种种新奇现象来激发他们观察的兴趣,或采取"口头肖像描写比赛""三分钟观察日记"等活动来调动学生观察的积极性。学生观察有了兴趣,就会视而可见,观察就会由粗疏到细致,写人绘景就有了灵气和新意。其次,要激励学生练就一双敏锐的眼睛,启发学生"见人之未见",才能"言人之未言"。观察重在发现,要发现就要练就一双敏锐的眼睛,要引导学生见到别人之所未见,学会从平凡的事物中看出不平凡的东西,自觉去探求和发现事物之间的各种关系,比如让学生观察自行车棚里形状不同的车筐、车后座,猜测车主人不同的家庭角色;又如让学生观察车站上早上候车上班的人的表情如何,下午候车回家的人的表情又如何……通过观察敏锐力、洞察力练习,学生的目光就会敏锐起来,思维也会"敏感"起来。最后,要引导学生多角度、多层面地观察和体验,可有计划地启发学生做如下训练:对某一事物作正面、背面、侧面的观察体验,对某一景物作俯视、仰视、平视、环视的观察体验等,可引导学生独自观察体验,也可四个人组成合作小组,进行讨论交流,寻找观察的共同点和个人独特的发现。转换角度观察,重在全面、立体地认识事物;多个层面观察,重在洞悉底里,把握规律和特征。二者结合起来,观察的人、事、景、物就真实灵动,个性鲜明,就会引发独特

[①] 吴进国《创造性学习与创造性思维》,中国青年出版社 2000 年版,第 152 页。

的感受和真切的体验，就会产生灵感和思想火花，创作出新颖别致的佳作。

2. 引导学生展开发散思维，培养创新思维的流畅性。作文训练中，教师可引导学生对同一问题（或对象）作多向性或多角度发散思维，设计出多种多样的构思方案。具体指导构思方法如下。①"一题多体"，即同一题材，以不同文体构思。2001年全国高考作文命题是关于"诚信"的话题作文，有两位考生以极其卓越的发散思维创作了两篇满分作文。一篇是名为《赤兔之死》的文言文小小说；另一篇是《患者吴诚信的病历》，以病历形式刻画了缺乏诚信的人格特征，突出了诚信的重要性。这两篇佳作一反传统口号式、教诲式文体，而是以创新的体式赋予作文更加深厚的内蕴、更加悠远的回味。这正是发挥发散思维"一题多体"的最好例证。②"一体多意"，即同一文体，从不同立意考虑。如：以"路"为题材，构思一篇记叙文。先从本义考虑，通过用具体道路的巨大变化，反应世事变迁，经济发展；再以引申义、比喻义考虑，写个人成长之路，反映顽强进取的精神；还可以另辟蹊径，从路是铺路石铺就的角度切入，歌颂铺路石般平凡而伟大的工人。③"一材多论"，即同一材料，立不同论点。如中国青年报组织的全国中学生作文大赛题目，某男在暴雨后的清晨见海滩上一男孩捡拾困在浅洼里的小鱼并不停地扔向大海，劝男孩不要扔，小鱼那么多，扔不了，没人在乎；但小男孩说小鱼在乎，从而扔个不止……根据这则材料，至少有这样几种思考：①人要有童心、爱心，同情弱者、危难者之心；②事不关己、高高挂起，可卑可悲；③有志者事竟成；④付出总会有回报；⑤假如海里没了鱼……总之，教师要指导学生：一则材料摆在面前，不要急于动笔，如同一堆建筑材料摆在面前先不要急于挥斥运斧，而是先考虑好几种方案，然后从中挑选一个最佳方案。通过比较，择优去劣，写出一般人及先前所未曾考虑到的角度和层次，写出高屋建瓴、深刻透彻的习作。经常进行发散思维训练，能使思路开阔通畅，达到培养创新思维流畅性的目的。

3. 引导学生自由联想、大胆想象，培养创新思维的灵活性。联想是由某一事物想到另一事物的心理过程；想象是人们对过去经验和已有记忆表象加工改造，构成新意象或新观念的心理过程。联想和想象有助于人们多方面、多角度地思考问题，把人们的思维引向广阔的天地，它有利于人们随机应变，不依常规地进行超常的思考，使思维跨上创造性的阶梯。因此，在作文教学中进行联想、想象的训练,能使学生思路灵活、思维广阔,达到培养创新思维灵活性的目的。训练的方式是多种多样的。①根据一个符号、一个图形展开联想。一个符号、可以像这可以像那,有时同一个图形可以想象出许许多多的形象来,想象力越丰富,想出的形象越多,这样的训练不仅可以启发学生从符号、图形的外形特点联想起相似的形象,还可以使学生从中想象出象征性的含义。②用已知条件进行推理想象。如某高三女生是个品学兼优的漂亮姑娘,父母都是高工,期望她能考入清华大学深造;这天,她收到了全国模特大赛的复赛通知……引导学生充分利用提供的条件,进行合理联想和想象,构思出既合情合理又新颖独特的好文章来。③对缺少某一部分内容的故事的增补。如教师有意识地隐去故事的某个部分,或开头,或结尾,或中间某个情节,让学生加以增补,这样的训练可以较好地培养学生的联想能力与想象能力。④用互不关联的词语写作文或片段。让学生借助联想和想象,把几个看起来互不相关的词语或事物联系起来写一篇文章或片段,训练创新思维的灵活性。如"肯德基·油条·文化""小草·阳光·母亲"等等。⑤想象作文。这种题型,题材宽,思路广。只要是学生所熟悉的人、事、物都可以选作题材,通过合理想象,删选、融合,虚构成文。如《阿 Q 新传》《前世的我》等。这样,可以引导学生自由联想,大胆想象,培养创新思维的灵活性。

4. 引导学生展开求异思维,培养创新思维的独创性。"人们通常思考问题,习惯以常识作为路标,从而形成一种思维定式。而求异思维则与之相反,它冲破了固有的思维定式,向人们习以为常的真理提出挑战,从而写出文章来能笔下生花,独树一帜。"在作文教学中,可以引导学生从以下几个角度展开求异思维,进行构思立意。①冲破局限。广泛流布于社会上的一些通行说法,比如成语、谚语、格言之类,是人类智慧和生活经验的结晶,具有较高的人文价值。但是,有时也难免会带有历史的局限性(如"人走茶凉""好酒不怕巷子深")或视角的局限性(如"近墨者黑,近朱者赤""知足常乐"),倘能从反面角度对其做出辩证的分析,一种崭新的立意便可孕育诞生。比如,在新型的同事关系中,"人走也未必茶凉";在市场竞争的环境中,"酒好也怕巷子深";只要心性高洁,坚守节操,"近墨者未必黑";生活上的"知足",也许可以"常乐",而从学识智能的角度看,则"知足无以常乐"。②反用掌故。运用掌故来抒情写意,历来是我国文学传统的艺术方法,这一方法可有效地增强文章的文化底蕴和艺术张力。而反用掌故,更能产生出奇制胜、领异标新的效果。比如"班门弄斧"原是讽刺自不量力的人;反其意而用之,在当今改革大潮中,应该鼓励"班门弄斧"的行为,只有就教于方家,才能不断提高自己;只有知差距求进取的人,才是改革大潮所需的弄潮儿。③以实破虚。这里的"实",为事实;"虚",系指隐含于某一客观事物中的情感或理念。传统的"托物寓意""借景抒情"等艺术表现手法,让一些本无情理色彩的客观物象人为地染上了浓重的情理色彩,比如松的"坚强",莲的"高洁"。我们一旦发现某种事的人格化品质("虚")与它实际的生活状貌("实")相悖谬时,便可选取"以实破虚"的立意角度加以辩证。如:以常见的乌云为题材,一改"乌云"在高尔基笔下"恶"的形象,而是热情赞颂它给万物提供水分和生机,为大地创造生命与财富。④以虚破虚。所谓以虚破虚,是指对于某一客观事物既有的惯常寓意("虚")加以否定;而从另外一个角度赋予它一种新的寓意("虚")。比如,一提到昙花,人们马上会从成语"昙花一现"中联想到生命的短暂,青春的易逝。可以反其道而思之翻出新意,歌颂昙花那种默默积累、默默奉献的行为品格,不张扬、不喧哗的生存方式。以上几种常见的求异立意的构思方式,都不失为培养思维独特性的好方法。

(三)重视作文评改,提高创新能力

作文评改是实施作文教学中创新教育的重要环节,把握好这一环节,采用灵活多样的评改形式,把好评改这一关,既能够体现学生的写作主体地位,保护学生的写作个性,又能够起到激发学生创新思维,不断提高其创新能力的作用。"作文批改是一个交流的过程,是教师与学生的直接沟通。目的在于刺激学生的思考,令学生有被确认、被接受和被欣赏的感受,而这种受到认同和赞赏的感受会转化为一种'自我改善''自我提升'的内在动力。"①

1. 培养学生自评自改的能力,激发创新思维。传统作文教学把修改当成教师的事,学生则处于被动的地位,写出文章也就成了作文训练的终结。其实修改是在半成品的基础上进行的,激发出的往往是更高层次的创新思维。"修改

---

①　王荣生《简介香港同行关于作文批改的研究》,载《中学语文教学》,2001(3),第60页。

作文既是加工一篇值得加工的文章,又是学习写作技巧的主要机会。"学生作文很难"毕其功于一役",修改的过程就是一个不断加深对客观事物的认识,不断寻求好的表达形式的过程。"改"和"作"关系密切,"改"是"作"的延续,在作文教学中培养学生自评自改的能力,把"改"的优先权还给学生,使学生成为作文活动中整个过程的主人,这不仅可以强化学生的主体意识,也可以激发他们再创造的热情,使其不断提高写作的创新能力。

2. 建立合作的集体评价系统,不断提高学生的创新能力。在作文教学中,可以采用合作小组的方式,建立集体评价系统。具体可分为组内互评、组组互评、班内互评几种方式。人的自我存在价值并不只由权威来认定,更多的是在一种价值体系中得到人们的认同。写作是主体与受体之间的一种交流与沟通。而学生写作的特殊性决定了他们的读者只是一种虚拟和假想,其现实读者只能是教师这一具有特殊身份的对象。建立合作的集体评价系统,可以变受体的单一性为群体性。在合作性的作文评改中,大家频繁讨论、互相启发,学生的思想一直沉浸在一种具有连续性的写作环境中,从而产生更创新的思路和更新颖的语言,使创新能力不断提高。同时,由于写作行为有了具体实在的接受对象,学生就会树立更高的自我期许,积极主动地写作。为了在集体中获得评价认同,学生会自觉寻求更新颖的思路、更完善的表达,从而发展创新能力,提高写作水平。

3. 运用表扬激励的教学策略,引发学生的创新动力。培养学生自评自改的能力和建立合作的集体系统,并不意味着教师对作文评改环节的放任自流。恰恰相反,教师应始终宏观调控整个过程,始终承担组织者、指导者和帮助者的角色。还有,无论采用何种评改方式,教师应始终坚持鼓励表扬、激发动力的评改原则。在书面批语和口头评价中教师要及时看到学生作文中的"闪光点"。对于习作的优点要充分肯定,以激励性、鼓动性的语言来激发学生的创新动力;对于学生写作中存在的问题,要提出积极的建设性的意见、明确的修改目标,使学生能回到原来的"写作过程",有目的地加以修改,从而保护写作个性,激发创新动力。对于一些有创意但不够完善的作文,教师应给予及时的肯定和真诚的帮助,这种激发能真正提高学生的写作水平、创新能力,远比其他方法更有效。同时教师还应该提供展现学生写作成果的舞台。比如举行优秀作文朗读欣赏会、优秀作文展览,办班刊、校刊,推荐学生优秀作文发表等形式,使学生有被确认被欣赏的感觉,并转化为一种自我改善、自我提升的内在动力,促进创新能力的不断提高、不断发展。总之,语文教师要把握好作文评改这一重要环节,使学生在评改中得到认同、得到赞赏,增强写作的自信心,激发创新的内在动力,通过评改使学生不断提高思维水平和创新能力,实现中学作文教学中的创新教育。